2020
经济形势与政策导读

河北省社会科学院 编

中国财经出版传媒集团
中国财政经济出版社

图书在版编目（CIP）数据

2020·经济形势与政策导读／河北省社会科学院编． --北京：中国财政经济出版社，2020.11
ISBN 978-7-5223-0096-2

Ⅰ.①2… Ⅱ.①河… Ⅲ.①中国经济-经济发展趋势-研究 ②中国经济-经济政策-研究 Ⅳ.①F120

中国版本图书馆CIP数据核字（2020）第185424号

责任编辑：叶 彤	责任校对：张 凡
封面设计：李俊良	责任印制：党 辉

中国财政经济出版社 出版

URL：http://www.cfeph.cn
E-mail：cfeph@cfeph.cn

（版权所有　翻印必究）

社址：北京市海淀区阜成路甲28号　邮政编码：100142
营销中心电话：010-88191522
天猫网店：中国财政经济出版社旗舰店
网址：https://zgczjjcbs.tmall.com
北京财经印刷厂印刷　各地新华书店经销
成品尺寸：185mm×260mm　16开　14.25印张　195 000字
2020年11月第1版　2020年11月北京第1次印刷
定价：60.00元
ISBN 978-7-5223-0096-2
（图书出现印装问题，本社负责调换，电话：010-88190548）
本社质量投诉电话：010-88190744
打击盗版举报热线：010-88191661　QQ：2242791300

2020·经济形势与政策导读编辑委员会

主　任：康振海

副主任：焦新旗

编　委：刘来福　郑英霞　张　艳　赵向东

前 言

为深入学习、宣传、贯彻习近平新时代中国特色社会主义思想和党的十九大和十九届二中、三中、四中全会及全国两会精神，帮助广大干部群众了解和把握当前经济形势与经济政策，针对当前我国经济发展中出现的一些热点、难点和焦点问题，我们组织有关专家编写了《2020·经济形势与政策导读》。

本书在编写过程中，力求用通俗易懂的大众语言，生动形象地分析当前经济形势，阐释重大经济政策，并结合河北实际，对推动河北经济发展提出了一些建设性意见和建议，使之具有较强的现实性和针对性。本书是广大干部群众深入了解当前经济形势、准确把握国家和河北省经济政策以及组织开展形势政策教育的重要辅助教材。

目 录

危机中育新机 变局中开新局
——用全面、辩证、长远的眼光看待我国发展 / 1

一、以辩证思维认识我国经济社会发展形势 / 2

二、以"四个坚持"应对危机与变局 / 5

三、以畅通国民经济循环为主构建新发展格局 / 10

着眼点着力点不能放在 GDP 增速上
——"六稳""六保"护航全年经济目标 / 19

一、正确认识"六稳"与"六保" / 20

二、实事求是确定 2020 年主要预期目标 / 25

三、多措并举,着力做好经济社会发展各项工作 / 28

全面小康大家一起走
——坚决打赢脱贫攻坚战 / 40

一、脱贫攻坚是全面建成小康社会必须完成的硬任务 / 41

二、高质量完成脱贫攻坚目标任务 / 47

三、接续推进全面脱贫与乡村振兴有效衔接 / 56

4 就业是最大的民生

——就业优先政策要全面强化 / 59

一、把就业优先摆在更加突出位置 / 59

二、加强对重点行业、重点群体就业支持 / 64

三、加强对灵活就业的支持 / 70

5 留得青山　赢得未来

——坚定不移地支持民营经济发展 / 76

一、发展民营经济的重大意义 / 76

二、民营经济发展的机遇与挑战 / 79

三、多措并举应对新冠肺炎疫情冲击 / 82

四、完善促进民营经济发展的长效机制 / 87

6 手中有粮　心中不慌

——巩固农业基础地位　筑牢粮食安全防线 / 91

一、守好米袋子，抓好粮食生产工作 / 91

二、丰富"菜篮子"，做好保供稳价工作 / 97

三、固基础补短板，提升农业稳产保供能力 / 100

7 把满足国内需求作为发展的出发点和落脚点

——把握扩大内需这个战略基点 / 106

一、扩大内需战略的重要性和内在要求 / 106

二、扩大内需要以扩大消费需求为重点 / 112

三、立足大循环　谋篇双循环 / 116

8 投资用在刀刃上
——"两新一重"精准发力 / 119
一、"两新一重"的内涵 / 119
二、加强新型基础设施建设 / 121
三、加强新型城镇化建设 / 127
四、加强交通水利等重大工程建设 / 131

9 腾"云"而起
——打造数字经济新优势 / 135
一、数字经济是大势所趋 / 135
二、数字经济成为经济高质量发展新引擎 / 142
三、河北省拥抱数字经济新蓝海 / 149

10 千磨万击还坚劲
——下好全面深化改革先手棋 / 156
一、围绕市场主体关切，深化"放管服"改革 / 157
二、以要素市场化改革充分激发要素潜能和活力 / 162
三、提升国资国企改革综合成效 / 167

11 优化生产力布局
——加快落实区域发展战略 / 173
一、区域发展战略的阶段和经验 / 173
二、正确认识当前区域经济发展的新形势 / 179
三、新时期加快落实区域发展的思路和举措 / 184
四、河北省坚定有力推进京津冀协同发展 / 192

面向世界大市场

——推进更高水平对外开放 畅通国内国际双循环 / 198

一、推进更高水平对外开放的必要性 / 198

二、稳住外贸基本盘 / 202

三、积极利用外资 / 207

四、河北省加快自贸试验区建设，打造对外开放新高地 / 213

后 记 / 218

1 危机中育新机　变局中开新局
——用全面、辩证、长远的眼光看待我国发展

2020年全国两会期间，习近平总书记在看望参加政协会议的经济界委员时强调："要坚持用全面、辩证、长远的眼光分析当前经济形势，努力在危机中育新机、于变局中开新局。"8月24日，习近平总书记在经济社会领域专家座谈会上再次强调："进入新发展阶段，国内外环境的深刻变化既带来一系列新机遇，也带来一系列新挑战，是危机并存、危中有机、危可转机。我们要辩证认识和把握国内外大势，统筹中华民族伟大复兴战略全局和世界百年未有之大变局，深刻认识我国社会主要矛盾发展变化带来的新特征新要求，深刻认识错综复杂的国际环境带来的新矛盾新挑战，增强机遇意识和风险意识，准确识变、科学应变、主动求变，勇于开顶风船，善于转危为机，努力实现更高质量、更有效率、更加公平、更可持续、更为安全的发展。"这为我们正确看待危机、准确把握变局、着力育新机开新局提供了根本遵循。全党全社会要把思想和行动统一到党中央决策部署上来，准确识变、科学应变、主动求变，善于从眼前的危机、眼前的困难中捕捉和创造机遇，在务实功、求

实效上下功夫，不折不扣抓好党中央决策部署和政策措施落实，掌握工作主动权，打好发展主动仗。

一、以辩证思维认识我国经济社会发展形势

谋大事必先观大势，开新局必先知变局。百年不遇的新冠肺炎疫情引发世界经济深度衰退，对我国经济社会发展也带来较大冲击，引发了世界百年未有之大变局下诸多具有新特点的新变局。这对我国来说，既是一次危机，也是一次大考。面对这些新机遇、新变局，我们需要认清自己的定位，把握好谋大局、开新局的发力点和突破口。

从国际看，疫情冲击造成世界经济深度衰退，国际贸易和投资大幅萎缩，国际金融市场动荡，国际交往受限，经济全球化遭遇逆流，一些国家保护主义和单边主义盛行，地缘政治风险上升。根据以往历史经验，全球性大流行病一般都很难在短期内得到控制，也一般都会加剧经济结构性矛盾。据国际货币基金组织预测，2020年全球经济将萎缩3%，发达经济体下降6.1%。而世界贸易组织预测，2020年全球贸易将缩水13%到32%。这就意味着，随着疫情蔓延，世界经济下行风险加剧，全球供应链将持续动荡。此外，一部分西方发达国家借机"敲诈勒索"，特别是正处于大选年的美国急于找"替罪羊"，总是无理指责中国，疯狂散布"中国威胁论"，进而挑起全面对抗。外部风险累积，不确定性增多，但中国仍坚定不移、身体力行提倡"携手抗疫、共度时艰"。中国这种直面挑战、谋求共赢的基本立场无疑给曲折中前进的经济全球化注入强大正能量。今后一个时期，我们将面对更多逆风逆水的外部环境，必须做好应对一系列新的风险挑战的准备。

从国内看，我国经济正处在转变发展方式、优化经济结构、转换增长动力的攻关期，面临着结构性、体制性、周期性问题相互交织带来的困难和挑战。新冠疫情发生后，党中央高度重视，将之作为头等大事来抓，习近平总书记亲自指挥、亲自部署，迅速采取最全面、最严格、最

彻底的防控举措，构建联防联控、群防群控的防控体系，充分发挥我国政治和制度优势，展现了出色的领导能力、应对能力、组织动员能力、贯彻执行能力，在较短时间内取得了重大战略成果，生产生活秩序逐步恢复，为尽可能降低疫情对我国经济的影响创造了根本前提。统计数据显示，2020年一季度国内生产总值同比下降6.8%，二季度同比增长3.2%，明显好于预期。我国经济运行呈现稳定转好态势，在疫情防控和经济恢复上都走在世界前列。与此同时，经济恢复还不平衡，生产恢复快于需求，工业恢复快于服务业，投资恢复快于消费，大企业恢复快于中小企业，金融业与实体经济恢复不平衡，就业和中小企业仍面临较多困难，稳增长与防风险的平衡仍面临较大压力。

但同时也要看到，疫情防控不是一朝一夕，零星散发的疫情会对经济造成短时的波动，我们要做好长期应对的准备。全球疫情仍在蔓延，疫情外防输入压力依然很大，复工复产、供应链产业链的恢复也需要一定时间，我们需要更大的耐心和定力。不确定因素依然存在，既要积极参与后疫情时代全球治理，又要有效防范长期的风险。这些变数对我国发展固然会产生一定影响，增加一些困难，但从全局看、从长远看，我国经济长期向好的基本面没有改变、也不会改变。

从发展基础看，我国具有全球最完整、规模最大的工业体系和强大的生产能力、完善的配套能力。我国已成为居世界第一的工业制造大国，是唯一拥有联合国产业分类中全部工业门类的国家，整个制造业生产配套、转换和替代能力很强，横向发展很有韧性，即使受到国际贸易和供应链的较大影响，多数产业也能较快恢复增长。我国基础设施建设突飞猛进，高速公路、高速铁路总里程均居世界第一，通信业实现赶超，还拥有领先的物流服务体系以及不断优化的营商环境。近年来，我国对外经济跨越式发展，商品贸易、服务贸易分别居世界第一位和第二位，成为120多个国家和地区的最大贸易伙伴，是全球第二大外资流入国，外汇储备连续14年居世界第一。新中国成立以来特别是改革开放以来的快速发展，使我国经济实力、科技实力、国防实力、综合国力进入世界前列，为巩固我国经济长期向好的基本面奠定了坚实基础。

从发展潜力和动能看，我国已进入高质量发展阶段，经济潜力足、韧性强、回旋空间大，并且拥有全球最大规模的消费群体以及不断升级的消费需求。我国正处在新型工业化、信息化、城镇化、农业现代化进程中，人均收入处于中等偏上收入行列，但经济社会发展、生态环境和人民生活水平同发达国家相比还有较大差距，要满足人民日益增长的对美好生活的需要，解决发展不平衡不充分问题，对发展的需求是全面、巨大和持久的。我国人力资源丰富，有充足的成熟产业劳动力，共有9亿劳动力，其中超过1.7亿受过高等教育或拥有各类专业技能；截至2019年年底，我国已有市场主体1.23亿户，其中企业3858万户，个体工商户8261万户，蕴藏着巨大的创业创新潜能。同时，我国拥有4亿多中等收入群体和14亿人口形成的全球最大规模的消费市场，潜力无限；我国国内储蓄率高，是少有的资本净输出国和债权国。

从财政、金融体系看，我国政策工具多的基本特点没有改变。近两年多来，中国人民银行、银保监会采取有力措施加强金融监管，遏制了宏观杠杆率2009年后连续多年持续攀升的势头，防范化解金融风险取得重大成效，金融风险趋于收敛、总体可控。我国拥有世界最大的信贷市场，世界第二大的债券市场、股票市场和保险市场。我国财政、金融体系抗风险的韧性强，有足够的政策空间和工具应对疫情冲击和经济下行压力。

从体制和制度条件看，我国有强大的政治能力和制度优势，具备应对一切挑战的实力和条件。党的领导是中国特色社会主义制度的最大优势，我们有党中央的坚强领导，可以充分发挥党总揽全局、协调各方的领导核心作用。集中力量办大事是中国特色社会主义制度的突出特征，我们可以充分发挥全国一盘棋、调动各方面积极性、集中力量办大事的制度优势，科学统筹、齐心协力应对挑战。群众路线是我们的事业不断取得胜利的重要法宝，也是我们党始终保持生机与活力的重要源泉，尊重人民主体地位、发挥人民首创精神，依靠群众、相信群众、发动群众，万众一心、共克时艰，我们就一定能够战胜这场疫情，也一定能够保持我国经济社会良好发展势头，如期实现决胜全面建成小康社会、决战脱贫攻坚的目标任务。

事实证明，中国经济长期向好的基本面没有改变、也不会改变。我们不只补短板，也要锻长板。对于当前我国很多市场主体面临的巨大压力，习近平总书记讲了一句俗语，"留得青山在，不怕没柴烧"，这背后就是强大的信心和定力。只要把市场主体保护好，为经济发展积蓄基本力量，就没什么过不去的坎儿。我们要全面、辩证、长远地看待当前的困难、风险、挑战，从发展大势上认清危机与新机，辨析变局与新局。越是在这个时候，越是遇到前所未有的风险和挑战，越需要我们在变化中保持清醒头脑、增强战略定力。正如在7月30日召开的中共中央政治局会议上明确指出，"要深刻认识我国社会主要矛盾发展变化带来的新特征新要求，增强机遇意识和风险意识，把握发展规律，发扬斗争精神，善于在危机中育新机、于变局中开新局，抓住机遇，应对挑战，趋利避害，奋勇前进。"

二、以"四个坚持"应对危机与变局

面对变局，既要处变不惊、冷静应变，又要下先手棋、打主动仗。2020年以来我国经济面临的挑战前所未有，为了把疫情影响降到最低，要在疫情防控常态化前提下，坚持稳中求进工作总基调，坚持以新发展理念为引领，坚持以供给侧结构性改革为战略方向，坚持以改革开放为动力，推动高质量发展，着力做好经济社会发展各项工作，应对危机与变局。

（一）坚持稳中求进工作总基调

坚持稳中求进工作总基调是我国经济建设正反两方面历史经验和新时代治国理政新的实践经验的科学总结。总基调把"稳"和"进"作为辩证统一的整体，揭示了国家治理和经济社会发展的内在要求、主要趋向和特征。作为治国理政的重要原则、做好经济工作的方法论，坚持稳中求进工作总基调是习近平新时代中国特色社会主义经济思想的重要内容，在习近平新时代中国特色社会主义思想中居于重要地位，必须长期坚持。

稳中求进是统筹推进疫情防控和经济社会发展工作的根本方法，也是打硬仗的思想准备。面对疫情大考，我国经济展现出巨大的韧性。即使在前一阶段抗疫最紧张的时候，也保证了生活必需品、医疗物资、电气水热等基本供应总体平稳，食品、药品、基础工业品、基本公共服务等关系国计民生的重点行业有序运转，14亿人的基本民生得到有效保障，经济社会发展大局保持稳定。但同时要清醒认识到，当前，世界正面临百年未有之大变局，国内外形势正在发生深刻复杂的变化，我们面临着许多前所未有的困难和风险挑战。但要看到，经过新中国70多年特别是改革开放40多年来的不懈奋斗，我们党和国家具备了过去难以想象的应对各种风险挑战的良好条件和能力，拥有了在新时代实现稳中求进的坚实基础和根本保障。

坚持稳中求进，就要坚持底线思维，增强忧患意识，着力防范化解重大风险。这是实现稳中求进的内在要求。习近平总书记强调："各种风险我们都要防控，但重点要防控那些可能迟滞或中断中华民族伟大复兴进程的全局性风险，这是我一直强调底线思维的根本含义。"在常态化疫情防控中，扎实做好"六稳"工作、全面落实"六保"任务，稳住经济基本盘，实现以保促稳，稳中求进。

（二）坚持以新发展理念为引领

"理者，物之固然，事之所以然也。"新发展理念是以习近平同志为核心的党中央在深刻总结国内外发展经验教训、深刻分析国内外发展大势基础上形成的，集中反映了我们党对经济社会发展规律认识的深化，是新时代推动高质量发展、建设现代化经济体系必须长期遵循的基本方略之一。其核心要义就是使创新成为第一动力、协调成为内生特点、绿色成为普遍形态、开放成为必由之路、共享成为根本目的的发展。

一要强化创新对经济发展的支撑作用。充分发挥创新第一动力、人才第一资源，坚定实施创新驱动发展战略，加快建设创新型国家。加快关键核心技术攻关，支持构建面向全行业国产化应用的基础支撑平台，加快提升企业技术创新能力，完善支持创新产品应用的政府采购政策。夯实生物安全基础设施建设，统筹做好科技攻关工作，加强创新能力建设，实施新一轮全面创新改革试验，完善创新创业扶持政策体系。

二要进一步增强发展的协调性。统筹推进区域、城乡、产业等协调发展，着力发挥好各地比较优势，提升发展整体效能。落实重大区域发展战略，推进以人为核心的新型城镇化建设，科学引导、分类施策，促进大中小城市和小城镇协调发展。推进新型智慧城市建设，提升城市治理现代化水平。推进乡村振兴，深入推进农村一二三产业融合和协调发展。深入推进优质粮食工程，稳定粮食生产。

三要持续加强生态环境建设。坚持方向不变、力度不减，抓好源头防控，推动生态环境质量持续好转，加快构建现代化环境治理体系。巩固蓝天、碧水、净土保卫战成果，着力加强生态建设，强化生态保护监管，健全生态补偿机制，推进生态综合补偿试点。发展绿色产业。全面推进垃圾分类，提高城市生活垃圾无害化处理率。

四要推动高水平开放取得新进展。积极应对疫情全球蔓延的不利影响，拓展开放领域、优化开放布局，高质量推进共建"一带一路"，稳住外贸外资基本盘。保持进出口基本稳定，积极利用外资，加快对外开放高地建设，推动境外投资平稳健康发展。

五要切实做好民生兜底保障。通过加大投入、落实政策保障，有效解决疫情带来的民生问题。决战决胜脱贫攻坚，继续推进扶贫与乡村振兴有效衔接，全力让脱贫群众迈向富裕。确保重点群体基本生活，千方百计稳定就业，加快社会保障体系建设，建立健全基本公共服务标准体系。加快补齐公共卫生短板，健全公共卫生服务体系，全面加强疾控中心能力建设，深入实施健康中国行动。

新发展理念要落地生根、指导全年工作实践，关键在各级领导干部干字当头、临难不避、实干为要，凝心聚力抓发展、保民生，在带头真抓实干中凝聚起亿万群众的智慧和力量，战胜前进道路上的一切困难和挑战。

（三）坚持以供给侧结构性改革为战略方向

供给侧结构性改革是推动我国经济高质量发展的必然要求，也是克服 2020 年我们遇到困难和挑战的重大举措。推进供给侧结构性改革，就是用改革的办法推进结构调整，减少无效和低端供给，扩大有效和中高端供给，增强供给结构对需求变化的适应性和灵活性，这对于提高全要素生产率、释放经济发展潜力至关重要。做好下半年工作要牢牢把握坚持以供给侧结构性改革为主线，以供给侧结构性改革持续激发新动能，为经济高质量发展注入源源不断的新动力。

推进供给侧结构性改革，是在全面分析我国经济阶段性特征的基础上调整经济结构、转变经济发展方式的治本良方。2020 年上半年，新兴领域动能明显增强，特别是疫情期间以"数字经济"为特征的新产业、新业态、新模式快速发展，为经济回升提供了有力支撑，这与供给侧结构性改革的扎实推进紧密相关。当前，我们需要紧紧围绕"巩固、增强、提升、畅通"八字方针，坚持在深化供给侧结构性改革上持续用力，千方百计激发市场主体活力，让新动能不断茁壮成长。

持续激发新动能，一要坚持供给侧结构性改革的战略方向不动摇。顺应新一轮科技革命和产业变革趋势，加快推进新一代信息技术和制造业融合发展，提升制造业数字化、网络化、智能化水平。推动互联网、大数据、人工智能和实体经济深度融合，在中高端消费、创新引领、绿色低碳、现代供应链等领域培育新的增长点。二要把供给侧结构性改革主线贯穿于宏观调控全过程。财政政策要更加积极有为、注重实效，继续减税降费、减租降息，确保各项纾困措施直达基层、直接惠及市场主体。货币政策要更加灵活适度、精准导向，强化对市场主体的金融支持，确保新增融资重点流向制造业、中小微企业。三要用深化改革的办法优化营商环境。进一步深化"放管服"等改革，积极破除妨碍各类生产要素流动的壁垒，加快打造市场化、法治化、国际化营商环境。实施好民法典和相关法律法规，依法平等保护国有、民营、外资等各种所有制企业产权和自主经营权，放宽市场准入，推动贸易和投资便利化。

（四）坚持以改革开放为动力推动高质量发展

改革开放是决定当代中国命运的关键一招，改革开放创造了"中国奇迹"。当前，我国发展面临前所未有的挑战，亟须通过改革开放释放内需潜力、激发市场活力、增强内生动力。我国经济已由高速增长阶段转向高质量发展阶段，正处在转变发展方式、优化经济结构、转换增长动力的攻关期，必须推动经济发展质量变革、效率变革、动力变革，增强我国经济创新力、竞争力和抵御风险能力。突如其来的新冠肺炎疫情对我国经济社会发展带来严重冲击，越是这个时候，越要变压力为动力，坚定不移深化改革开放。只有在更高起点、更高层次、更高目标上推进改革开放，着力解决制约我国发展的突出矛盾和问题，才能把我国发展的巨大潜力和强大动能充分释放出来，把疫情造成的影响降到最低，牢牢把握发展主动权，迎来更好发展。

2020年是全面建成小康社会和"十三五"规划收官之年，原本就有不少硬仗要打，再叠加新冠肺炎疫情影响，做好经济社会发展工作难度更大。为此，更要坚持问题导向、目标导向、结果导向，深入推进重要领域和关键环节改革，用改革的办法解决发展中的问题。其中很重要的一环，就是完善要素市场化配置体制机制。要认真落实《中共中央国务院关于构建更加完善的要素市场化配置体制机制的意见》，清理废除妨碍统一市场和公平竞争的各种规定和做法，支持民营企业发展，激发各类市场主体活力，实现产权有效激励、要素自由流动、价格反应灵活、竞争公平有序、企业优胜劣汰。

开放带来进步，封闭必然落后。这些年来，中国坚持打开国门搞建设，不断扩大对外开放，不仅发展了自己，也造福了世界。中国经济发展成就是在开放条件下取得的，未来经济高质量发展也必须在更加开放的条件下进行。我们要坚定扩大对外开放，放宽市场准入，持续优化营商环境，积极扩大进口，扩大对外投资，为国内外企业家投资创业营造更加公平有序的环境，以开放促改革、促发展、促创新。要加强对国际经济形势的研判分析，及时制定有针对性的政策举措，努力维护全球供应链稳定，保障各类经贸活动正常开展。要推动共建"一带一路"高质量发展，秉持共商共建共享原则，努力实现高标准、惠民生、可持续目标，为世界共同发展增添动力，为世界经济稳定作出贡献。

此外，最为重要的是"更为安全的发展"贯穿新发展理念。7月30日召开的中央政治局会议首次提出"更为安全的发展"，并多次提到"安全"。这意味着，安全将贯穿创新、协调、绿色、开放、共享的发展理念，为发展提供有力保障。面对疫情，更为安全的发展首先需要的是做好常态化疫情防控。我们为疫情防控付出的努力、为经济社会发展做出的牺牲不能白费。同时，安全涉及方方面面，小到每个人的自身安全，大到技术安全、食品安全和国家的安全等。实现发展规模、速度、质量、结构、效益、安全相统一，强化安全生产，确保人民生命财产安全等等。发展面前，安全先行。统筹发展和安全，经济才能行稳致远，社会才能安定和谐。

三、以畅通国民经济循环为主构建新发展格局

要推动形成以国内大循环为主体、国内国际双循环相互促进的新发展格局。这个新发展格局是根据我国发展阶段、环境、条件变化提出来的，是重塑我国国际合作和竞争新优势的战略抉择。近年来，随着外部环境和我国发展所具有的要素禀赋的变化，市场和资源两头在外的国际大循环动能明显减弱，而我国内需潜力不断释放，国内大循环活力日益

强劲,客观上有着此消彼长的态势。

自2008年国际金融危机以来,我国经济已经在向以国内大循环为主体转变,经常项目顺差同国内生产总值的比率由2007年的9.9%降至现在的不到1%,国内需求对经济增长的贡献率有7个年份超过100%。未来一个时期,国内市场主导国民经济循环特征会更加明显,经济增长的内需潜力会不断释放。我们要坚持供给侧结构性改革这个战略方向,把握住扩大内需这个战略基点,使生产、分配、流通、消费更多依托国内市场,提升供给体系对国内需求的适配性,形成需求牵引供给、供给创造需求的更高水平动态平衡。

(一) 以国内大循环为基础,构建国内国际双循环

国内国际双循环是辩证统一关系,相互影响、相互交融、相互促进、相得益彰。国内大循环处在主体地位,是国际循环的基础和保证,国际循环则起着带动和优化的作用,是国内循环的外延和补充。改革开放以来,发展国际循环、不断扩大开放,有力推动了我国经济的快速发展。但要看到,如果国际循环脱离国内循环,势必失去其有效运转的支撑点。从两者关系来看,国际循环是次循环,国内循环则是主循环,即应以国内大循环为基础,以满足国内需求作为发展的出发点和落脚点,在此基础上持续深化对外开放,拓展国际市场,构建国内国际双循环相互促进的新发展格局。

良好的国内循环是国际循环的根本。我国是人口大国,具有庞大的中等收入群体和超大规模的消费市场,这一禀赋特点要求我们要以国内循环为支点。以国内大循环为主体,意味着着力打通国内生产、分配、流通、消费各个环节,把我国超大规模的市场优势和内需潜力充分激发出来,以满足国内需求作为经济发展的出发点和落脚点,将有力推动我国经济攻坚克难,把疫情造成的损失和外部环境影响降到最低限度,这是确保国内产业链和供应链稳定的重要环节。没有消费市场的需求支撑,企业就会失去发展和创新的动力。疫情发生以来,全球贸易遭受重

挫，许多外贸企业陷入困境。6月22日，国务院办公厅发布的《关于支持出口产品转内销的实施意见》让不少外贸企业受到鼓舞。扩大内需不等于放弃外贸，形成国内大市场不等于放弃国际竞争。在国内市场稳健发展的同时，外贸企业积极寻变，借助新模式、新技术，危中寻机，既想方设法稳住外贸订单"基本盘"，也开始回应来自内需市场的强大吸引力。一方面，可以在全球化背景之下，吸引全球优势资源，在中国形成生产能力以满足国内市场需求；另一方面，以国内大市场需求为基础，可以使一些规模经济效应明显的产品在国内产生"本地市场效应"，产生出口竞争力，从而形成"以国内大循环为主体、国内国际双循环相互促进"的新发展格局。国际经验表明，只有国内产业链的安全稳定，才能促进要素更加自由地流动。因而，只有坚持构建良好的国内循环，才能提升我国在国际循环中的地位和竞争力。

良好的国际循环会带动和优化国内循环。一是带动效应。通过"对外贸易—产业链拉长—增加就业和收入—扩大供给—国民经济快速增长—强化国际循环"的路径，在促进国际需求的同时刺激国内生产，使国内循环更加畅通且充满活力。改革开放以来我国经济发展的经验已经证明了这一点。二是优化效应。通过构建国际循环，我们可以更好地参与国际分工、拓展国际市场，加速资本积累、增加利润，获得国际市场的规模经济效益。三是竞争效应。参与国际循环，会导致竞争更为激烈，迫使企业为了生存发展而提高生产率，从而提升企业的国际竞争力。从产业的角度来看，国际循环有助于产业的进一步合理化与高效化，促进国内产业链和价值链在国际经济体系中实现不断攀升。

由此可见，国内国际双循环相互促进，强调以国内经济循环为主不意味着关门封闭，而是通过发挥内需潜力，使国内市场和国际市场更好地联通、促进。随着国际经济形势的变化与国内经济的不断发展，国内循环和国际循环的关系是动态变化的。构建国内国际双循环，就是坚持发挥好国内市场和国际市场、国内循环和国际循环的相互作用，全面统筹国内、国际两个大局，在持续推进国内高质量发展的前提下，深化对外开放，形成新的更为优化的发展格局。

（二）以深化改革、高水平对外开放，促进新发展格局

新形势下，构建新发展格局，关键要办好自己的事。一方面，要以深化改革激发新发展活力。随着我国迈入新发展阶段，改革也面临新的任务，必须拿出更大的勇气、更多的举措破除深层次体制机制障碍，坚持和完善中国特色社会主义制度，推进国家治理体系和治理能力现代化。我们要守正创新、开拓创新，大胆探索自己的未来发展之路。要坚持和完善社会主义基本经济制度，使市场在资源配置中起决定性作用，更好地发挥政府作用，营造长期稳定可预期的制度环境。要加强知识产权保护，建设高标准市场体系，完善公平竞争制度，激发市场主体发展活力，使一切有利于社会生产力发展的力量源泉充分涌流。另一方面，要以高水平对外开放打造国际合作和竞争新优势。国际经济联通和交往仍是世界经济发展的客观要求。我国经济持续快速发展的一个重要动力就是对外开放，拓展多元化的国际市场。经过改革开放以来40多年的不断发展，我国经济已逐渐嵌入国际产业链分工体系中，但仍处在全球价值链的中低端位置。近年来，全球经济增长放缓与贸易保护主义叠加，使经济全球化进程出现了"开倒车"现象，我国需要逐步摆脱对传统国际循环模式的依赖。"一带一路"倡议是重要的突破口，通过与沿线国家或地区的深入合作，共同把"一带一路"建设成为贸易往来、产业协作和共同发展的战略平台，有助于形成更加均衡和多元化的国际循环体系。自由贸易试验区和自由贸易港是联系国内国际双循环的重要平台，推进上海、广东、天津等18个自由贸易试验区与海南自由贸易港的建设和发展，有助于加速形成新型的国际循环。8月24日，习近平总书记在经济社会领域专家座谈会上强调："当前，在推进对外开放中要注意两点：一是凡是愿意同我们合作的国家、地区和企业，包括美国的州、地方和企业，我们都要积极开展合作，形成全方位、多层次、多元化的开放合作格局。二是越开放越要重视安全，越要统筹好发展和安

全,着力增强自身竞争能力、开放监管能力、风险防控能力,炼就金刚不坏之身。"

> **政策传真**
>
> 6月1日,中共中央、国务院印发《海南自由贸易港建设总体方案》,海南自由贸易港这一全面深化改革和试验最高水平开放政策的特殊地区,正式进入开局建设阶段。
>
> 《海南自由贸易港建设总体方案》表达了在现今复杂严峻的全球贸易环境下,中国将以实际行动推动全球化的决心。海南自贸港力求实现最高水平开放,显示出中国长期以来坚持的全方位融入世界经济的政策不会动摇,中国会通过不断加大开放力度,继续参与世界经济发展。
>
> 6月24日,2020年版全国和自贸试验区外商投资准入负面清单如期公布。全国清单条目从2019年的40条缩减到了33条,自贸试验区清单条目则从37条缩减到了30条,本次修改主要提高了服务业、制造业、农业的开放水平。中国对外资的开放程度进一步提高。作为扩大开放的重要途径,负面清单越来越短,意味着中国在更大范围、更宽领域和更深层次的全面开放。

具体来讲,主要从以下五个方面着力,促进经济高质量发展。

推动产业和消费"双升级",畅通市场循环。生产和消费是市场循环的两个基本要素。在经济增长愈益由消费引领的情况下,推动产业和消费"双升级"是畅通市场循环的关键举措。习近平总书记指出,要完善促进消费的体制机制,增强消费对经济发展的基础性作用。当前,我国疫情防控取得重大战略成果,经济发展呈现稳定转好态势,要抢抓扩大内需和消费升级机遇,着力提升企业和居民的消费信心,把被抑制、被冻结的消费加快释放出来。着力稳定居民消费,推动服务消费提质扩容,扩大实物商品消费,加快释放新型消费潜力,做好消费这篇大文章。

扩大内需要强化民生导向。发展是为了改善民生，扩大内需的目的也是改善民生，这是以人民为中心的发展思想的体现。民生也连着内需、连着发展、连着公平，保障和改善民生，既拉动消费，又促进投资，是扩大内需的重要举措和有效途径。尤其是在新冠肺炎疫情对我国经济造成较大冲击的当下。民生保障好了，居民心里就有底了，消费时就少了后顾之忧。加大稳定和增加就业的政策力度，只有稳定就业、增加就业机会，才能提高居民收入，激发居民的消费意愿和能力。目前我国领取养老金的有近3亿人，他们中不少人没有多少储蓄和财产，靠养老金维持生活，不管财政多困难，都要确保养老金按时足额发放。落实退役军人优抚政策，做好因公殉职人员抚恤。针对2020年失业增多的情况，要扩大失业保险保障范围。对于参保不足一年的农民工等失业人员，要纳入常住地保障。要完善社会救助制度。继续提高医保保障水平。切实保障农业生产，手中有粮心中不慌，保证粮食安全，同时加强粮食市场的监管，确保居民"米袋子"和"菜篮子"价格的稳定。积极推进新型城镇化建设，缩小城乡差距，多渠道增加农村居民的收入，提升农村居民的消费品质，释放农村消费潜力。

加快落实区域发展战略。从区域协同发展的角度来看，国内循环是要实现各类要素在国内各区域间的自由流动，打通"区块""省域"和"城市""城乡"等不同区域空间尺度之间的经济循环。为此，需要加强空间治理，以合理分工实现优化发展，推进区域发展战略，释放区域协调发展的新动能。从区域发展战略角度来看，要持续推进区域协调发展。继续推进西部大开发，深入落实《关于新时代推进西部大开发形成新格局的指导意见》，推动形成大保护、大开放、高质量发展的新格局；推动东北全面振兴、全方位振兴，优化营商环境，调整经济结构，提升对外开放水平；推动中部地区崛起，进一步发挥优势，创新发展通道经济，着力增强要素聚集能力；推动东部地区率先发展，继续发挥创新带动作用，率先实现产业升级，引领更高水平对外开放。推进京津冀协同发展、粤港澳大湾区建设、长三角更高质量一体化发展；推进长江经济带共抓大保护，编制黄河流域生态保护和高质量发展规划纲要，推动成渝地区双城经济圈建设。促进革命老区、民族地区、边疆地区、贫困地区加快发展。发展海洋经济，建设海洋强国。最终是要进一步优化区域空间格局，打破市场分割，形成统一的国内市场，保证国内大循环畅通。

高端声音

2020年8月20日，中共中央总书记、国家主席、中央军委主席习近平在合肥主持召开扎实推进长三角一体化发展座谈会时强调，面对严峻复杂的形势，要更好推动长三角一体化发展，必须深刻认识长三角区域在国家经济社会发展中的地位和作用。

第一，率先形成新发展格局。在当前全球市场萎缩的外部环境下，我们必须集中力量办好自己的事，发挥国内超大规模市场优势，加快形成以国内大循环为主体、国内国际双循环相互促进的新发展格局。长三角区域要发挥人才富集、科技水平高、制造业发达、产业链供应链相对完备和市场潜力大等诸多优势，积极探索形成新发展格局的路径。

第二，勇当我国科技和产业创新的开路先锋。当前，新一轮科技革命和产业变革加速演变，更加凸显了加快提高我国科技创新能力的紧迫性。上海和长三角区域不仅要提供优质产品，更要提供高水平科技供给，支撑全国高质量发展。

第三，加快打造改革开放新高地。近来，经济全球化遭遇倒流逆风，越是这样我们越是要高举构建人类命运共同体旗帜，坚定不移维护和引领经济全球化。长三角区域一直是改革开放前沿。要对标国际一流标准改善营商环境，以开放、服务、创新、高效的发展环境吸引海内外人才和企业安家落户，推动贸易和投资便利化，努力成为联通国际市场和国内市场的重要桥梁。

打造安全稳定的产业链，攀升全球价值链中高端。目前，我国有着全球最为完整的工业制造业体系，是世界上唯一拥有联合国产业分类中全部工业门类的国家，覆盖41个工业大类、207个中类、666个小类，具备完善的配套能力，这为我国供给体系有效应对需求变化奠定了坚实基础，并在全球产业链中占据重要地位，但仍处在价值链的中低端。未来的国际竞争中，以科技创新催生新发展动能。实现高质量发展，必须实现依靠创新驱动的内涵型增长。我们更要大力提升自主创新能力，尽快突破关键核心技术。这是关系我国发展全局的重大问题，也是形成以国内大循环为主体的关键。我们要充分发挥我国社会主义制度能够集中力量办大事的显著优势，打好关键核心技术攻坚战。要依托我国超大规模市场和完备产业体系，创造有利于新技术快速大规模应用和迭代升级的独特优势，加速科技成果向现实生产力转化，提升产业链水平，维护产业链安全。要发挥企业在技术创新中的主体作用，使企业成为创新要素集成、科技成果转化的生力军，打造科技、教育、产业、金融紧密融合的创新体系，进而促进我国在全球价值链体系中位置的不断攀升。新基建是我国推动高质量发展战略的重要抓手，要抓住新基建启动的契机，秉持以科技创新促发展的理念，推进大数据、互联网、人工智能、区块链等新技术与重大基础设施的深度融合，提升区域和国家的创新能力。

发挥政策引导作用，促进企业转型发展。企业是市场重要的微观主体之一。受新冠肺炎疫情影响，2020年企业的生产、销售等各个环节均遭受较大冲击。各级政府应通过加大对企业尤其是中小企业的信贷支持、税收减免或缓征，以及大力发展新基建、培育新兴产业、加大公共服务支出等方式，激发企业的活力。同时，切实淘汰落后产能，推动供给侧结构性改革，实现供给和需求的"双升级"，倒逼企业谋求转型升级。对于企业供应链上的"补链"和优化布局上的"扩链"，应给予专项扶持，外资企业纷纷抢滩国内市场，这为畅通国内产业链的"内循环"创造了机遇。通过引入高质量外资，我国主导产业加速补链强链，构建更畅通的"内循环"。在复工复产过程中，需注重恢复国际供应链，形成外向型企业可持续发展的国内国际产业链畅通的优化布局，积极拉动国内消费回升、扩大有效投资、引导外向型企业建立基于国内循环的产业链。

大道至简，实干为要。中国正在以畅通国民经济循环为主线构建新发展格局，这必将推动我国开放型经济向更高质量发展，推动全球化朝着更深领域演进。只要保持强大的战略定力，按照以习近平同志为核心的党中央指明的方向一步一个脚印办好自己的事情，中国经济一定能破浪前行、行稳致远。

着眼点着力点不能放在 GDP 增速上

——"六稳""六保"护航全年经济目标

2020年政府工作报告没有提出经济增速具体目标，两会期间，习近平总书记参加内蒙古代表团审议时对代表们谈到了这一抉择背后的深谋远虑："如果没有这次疫情，一般情况下经济增长目标会定在6%左右。但是，疫情发生以后有的事情不由我们作主，世界经济衰退已成定局，我们受到的影响有多大、有多深，还有很多不确定性。""如果我们硬性定一个，那着眼点就会变成强刺激、抓增长率了，这样不符合我们经济社会发展的宗旨，我们一直在讲不以GDP增长率论英雄。'六稳''六保'，我们追求的是经济的科学发展、是贯彻新发展理念，追求的是广大人民群众的幸福美好生活。其实在追求这些的时候，也会间接推进国内生产总值降幅尽可能减少，但着眼点着力点不能放在GDP增速上。"

7月30日召开的中共中央政治局会议部署下半年经济工作时指出，当前经济形势仍然复杂严峻，"我们遇到的很多问题是中长期的，必须从持久战的角度加以认识"，并再次强调要"扎实做好'六稳'工作，全面落实'六保'任务"。这些重要论述，不仅明确了当前经济社会发展的重点所在，指明了做好下半年经济工作必须遵循的重要原则，而且为辩证、理性、全面地把握中长期经济发展提供了科学方法论。

一、正确认识"六稳"与"六保"

明者因时而变，知者随事而制。2018年以来，针对复杂严峻的外部环境和较大的国内经济下行压力，党中央、国务院提出要做好"六稳"工作，即稳就业、稳金融、稳外贸、稳外资、稳投资、稳预期。在实践中取得显著效果，稳住了经济增长，促进了就业增加和民生改善，达成了"变中求稳"的目标。应对疫情蔓延对全球经济冲击，2020年4月17日召开的中央政治局会议首次提出：加大"六稳"工作力度，落实"六保"任务，即保居民就业、保基本民生、保市场主体、保粮食能源安全、保产业链供应链稳定、保基层运转，核心就是要稳住经济的基本盘，兜住基本民生的底线。

（一）深入理解"六保"任务的内涵

"六保"任务涉及社会民生各个领域，关系经济社会发展全局。落实"六保"任务，需要把握其内涵。

保居民就业。就业是民生之本，把保居民就业放在"六保"首位，体现了就业的优先地位。当前，我国就业形势较为严峻，稳就业压力持续增大。保居民就业，就要全面强化就业优先政策，减负稳岗扩就业多措并举，增强企业稳定和创造就业岗位。各地要清理取消对就业的不合理限制，促就业举措应出尽出，拓岗位办法要能用尽用。针对部分企业稳岗压力大和重点群体就业困难等问题，因企因人分类帮扶，增强政策精准性。通过鼓励发展灵活就业和新就业形态、提供公益性就业岗位、抓紧开工一批重大工程等，增加新的就业岗位，帮助低收入家庭、农民工等群体就业。通过提供不断线的就业服务、扩大基层服务项目招聘等，促进高校毕业生就业。

2. 着眼点着力点不能放在GDP增速上

保基本民生。民生稳，人心就稳，社会就稳。保基本民生，需要强化困难群体基本生活保障。扩大失业保险保障范围，将参保不足1年的农民工等失业人员都纳入常住地保障。扩大低保保障范围，对城乡困难家庭应保尽保，将符合条件的城镇失业和返乡人员及时纳入低保。完善社会救助制度，扩大社会救助覆盖面，把因疫情和因病遭遇暂时困难的人员纳入救助范围。根据物价上涨情况启动相关价格补贴联动机制，切实保障困难群体的基本生活。

保市场主体。各类市场主体是居民就业的载体。保住市场主体，才能更好保居民就业、保基本民生。保市场主体，重点是保中小微企业，它们吸纳90%以上的城镇就业。帮扶中小微企业渡过难关，关键在于落实已经出台的阶段性减税降费、减免企业社保费以及延期还本付息和降低利息负担等政策，并将阶段性政策与制度性安排相结合，让更多受疫情冲击、面临短期困难但能恢复运营的企业存续下来，进而提高生存和发展能力。这关系亿万家庭的生计。

保粮食能源安全。粮食与能源安全是国家安全的重要基础。保粮食安全，需要稳字当头，压实"米袋子"省长负责制，完善农业补贴政策；坚持实施"藏粮于地、藏粮于技"战略，确保粮食播种面积稳定，依靠科技提高粮食单产，保障粮食等主要农产品生产供给。保能源安全，就要保障国内煤电油气等安全稳定供应，统筹协调好国际国内两个市场，保持供需平衡；推动煤炭清洁高效利用，发展可再生能源，完善石油、天然气、电力产供销体系，提升能源储备能力。

保产业链供应链稳定。产业链供应链稳定事关我国产业和经济安全。当前，全球供应链体系加快调整，一些国家推进供应链分散化，提高"本土化生产"比例，全球供应链收缩，区域化、近岸化特征更趋明显。保产业链供应链稳定，一方面，要全面畅通产业链、供应链的循环。进一步加大助企纾困的力度，落实已经出台的财税、金融、社保、用工、房租等各项政策；另一方面，要着力提升产业链和供应链水平。要巩固传统的产业优势，强化优势产业领先的地位，支持企业实施技术改造和突破瓶颈制约,大力推动补短板、强弱项,增强产业链的弹性和韧性,提升产业基础的高级化、产业链的现代化水平。同时开展数字化的转型行动,鼓励企业推进供应链的数字化转型,提高灵活应变和协同能力。同时要组织实施先进制造业和现代服务业深度融合发展试点,大力发展新产业、新业态和新模式,培育壮大新增长点和增长极。同时,要优化供应链的体系,协调国内国际的物流资源,确保铁路、航空、海运等物流大通道畅通。

保基层运转。基层有效运转是保障公共服务和基本民生的前提。疫情给一些地方的财政收入带来阶段性冲击。保基层运转,需要加大中央对地方转移支付力度,对新增财政赤字和抗疫特别国债资金建立特殊转移支付机制,资金直达市县基层,兜住基层"保工资、保运转、保基本民生"底线。调整优化财政支出结构,大幅压减一般性支出,优先保障公共服务和基本民生,加大对困难群体的救助力度。同时,通过政府和社会资本合作等模式,调动社会资本参与公共基础设施建设的积极性,提高财政资金使用效率,并更多用于公共服务领域。

(二)落实"六保"任务,彰显四大思维

落实"六保"任务,集中体现了党中央的民本思维、辩证思维、底线思维和战略思维。

"六保"贯穿民本思维。坚持以人民为中心始终是中国共产党的初心和使命。坚持民本思维要求我们始终以人民的生命健康和幸福生活作为我们一切工作的出发点和落脚点。面对突如其来的疫情对我国经济社会发展造成的冲击,给民生保障带来困难和挑战之时,在以习近平同志为核心的党中央坚强领导下,我国疫情防控阻击战取得重大战略成果,统筹推进疫情防控和经济社会发展工作取得积极成效。越是遇到困难挑战,越要做好保障和改善民生工作。落实"六保"任务,充分体现了我们党始终坚持以人民为中心的发展思想,始终把人民利益摆在至高无上的地位。坚决兜牢基本民生底线,努力办好群众关切的事情,就能充分

2. 着眼点着力点不能放在 GDP 增速上

调动人民群众的积极性，把智慧和力量凝聚起来，共同战胜前进中的困难和挑战。

"六保"彰显辩证思维。坚持和运用辩证思维要求我们一分为二地看问题，具体问题具体分析，坚持两点论和重点论相结合。"六保"是坚持稳中求进、危中寻机的正确抉择。面对史无前例的新冠肺炎疫情，党中央用"六保"方针构筑底线，不断用发展的视角解决问题，适时推进要素市场化配置改革，实施扩大内需战略，优化我国产业链结构和布局，在实践中推动矛盾向着有利于人民根本利益和我国长远发展的方向转化。同时，"六保"抓住了主要矛盾，牵住了民生这一"牛鼻子"。并且，"六保"始终坚持问题导向，坚持一切从实际出发，针对就业、粮食安全、产业链和基层运转等问题，精准施策、定点发力，正确处理了矛盾的普遍性与特殊性之间的关系，其政策效果更为明显。

"六保"强化底线思维。底线思维是我们党应对危机和不确定性的利器，是中国特色社会主义伟大事业行稳致远的法宝。只有守住底线、筑牢防线之后，我们才能有备无患、稳中求进，保持战略定力，牢牢掌握主动权。保就业民生、保粮食能源安全、保产业链供应链稳定和保基层运转是我们抗击疫情必须坚守的底线。守之则安稳，越之则危险。就业民生底线事关社会稳定和经济发展大局，兜住民生底线才能稳住经济基本盘，就业民生无法保障则经济社会秩序将濒临崩溃。粮食能源安全底线关乎 14 亿人的衣食住行。产业链供应链稳定是复工达产的重要保障。保基层运转事关基层教育、医疗和治安等公共服务的正常运行，对于疫情防控和经济发展至关重要。

"六保"体现战略思维。战略思维对于一个政党、一个国家至关重要。战略思维是一种全局性、长远性的思维方式，要求我们在把握局部的同时统筹全局，在立足当下的同时着眼未来。一是"六保"正确处理了就业民生这一局部与全国抗疫这一全局两者之间的关系；二是"六保"既立足当前又着眼于长远。从短期来看，"六保"可以有效稳定社会民心，为疫情防控保驾护航，提供有力物质保障。从长期来看，"六保"最大限度地保护了"人民"这一生产力中最活跃的因素,通过稳定产业链供应链赢得发展主动权,为打赢疫情防控阻击战,奋力实现全年经济社会发展目标,决胜全面建成小康社会奠定了坚实基础。三是"六保"统筹国内国际两个大局,不仅稳住了疫情、民心和经济,同时向世界贡献了战胜疫情的中国智慧和中国方略,向世界展示了以人民为中心的负责任大国的形象,向世界传达了中国愿意与世界各国联合起来共同抗疫的坚定决心。

(三)辩证把握"六稳"与"六保"的关系

中央在"六稳"基础上提出"六保",并不是简单地着眼于增长本身,更重要的是着眼于世界疫情蔓延和全球经济同步深度下滑所带来的各种冲击、风险而进行的布局。要看到,此次疫情不同于以往危机,是对需求、供给、预期的全面冲击,这些都需要时间来恢复;疫情防控常态化条件下,经济运行的主要困难已由循环不畅转变为需求不足,消费需求的恢复明显滞后于供给,保就业、保市场主体工作十分艰巨;经济全球化逆风来袭,外部经济环境不稳定性不确定性明显增强。这些问题有的是短期的,有的是中长期的。我们必须做好打持久战的思想准备和工作准备。

"六稳"与"六保"不是孤立存在的目标,两者密切联系。"六保"是2020年"六稳"工作的着力点,这旨在稳住经济基本盘、兜住民生底线。其中的每一项部署都是针对当前的突出矛盾和风险隐患作出的精准靶向"治疗"。只有全面落实好"六保",为渡过难关赢得时间、创造条件,才能实现"六稳",才能稳住中国经济这个大局。

"六稳"与"六保"是互补的,两者统一于稳中求进工作总基调。宏观经济政策不能只盯局部和眼前,而要把"六稳""六保"放在决胜全面建成小康社会、决战脱贫攻坚的全局中推动,着眼解决长远问题,注重与结构性政策的协同,激发结构性红利。"六稳"与"六保"都是稳中求进工作总基调的具体体现,两者的指向都是在直面挑战、克服困

2. 着眼点着力点不能放在GDP增速上

难的基础上实现经济稳中向好、稳中有进，两组目标共同构成的政策框架，也成为我们以更大的宏观政策力度对冲疫情影响、坚定发展信心的基本遵循和关键抓手。正如习近平总书记多次强调的，"抓住重点带动面上工作，是唯物辩证法的要求，也是我们党在革命、建设、改革进程中一贯倡导和坚持的方法"。聚焦当下，继续坚持把"六稳""六保"作为经济工作重心，守住"保"的底线、筑牢"稳"的基础、保持"进"的态势，坚持把新发展理念、人民至上思想、问题导向、底线思维贯穿始终，掌握好工作节奏和力度，推动我国经济风雨无阻向前进。

二、实事求是确定2020年主要预期目标

遇非常之变，施非常之策。面对新情况新问题新挑战，党中央、国务院本着尊重经济规律和实事求是的原则，深入贯彻新发展理念，综合研判形势，根据需要与可能，对疫情前考虑的发展预期目标作了适当调整，对各项政策作了相应安排。要求扎实做好"六稳"工作，全面落实"六保"任务，以保促稳，稳中求进，努力实现全年经济社会发展目标任务。

> **政策传真**
>
> 2020年要优先稳就业保民生，坚决打赢脱贫攻坚战，努力实现全面建成小康社会目标任务；城镇新增就业900万人以上，城镇调查失业率6%左右，城镇登记失业率5.5%左右；居民消费价格涨幅3.5%左右；进出口促稳提质，国际收支基本平衡；居民收入增长与经济增长基本同步；现行标准下农村贫困人口全部脱贫、贫困县全部摘帽；重大金融风险有效防控；单位国内生产总值能耗和主要污染物排放量继续下降，努力完成"十三五"规划目标任务。但是没有提出全年经济增速具体目标，对此各方面高度关注。
>
> ——2020年政府工作报告

与往年不同，2020年没有设定国内生产总值（GDP）增长的具体量化指标，而是提出："优先稳就业保民生，坚决打赢脱贫攻坚战，努力实现全面建成小康社会目标任务"，这是2020年经济社会发展最重要的目标。对此要全面理解和把握未提经济增速具体目标的考量。

（一）国内外环境面临诸多不确定不稳定因素，缺乏制定较为准确的全年经济增速具体目标的客观基础和条件

从外部环境看，全球疫情仍在扩散蔓延，无法预计何时结束，受其影响，世界经济衰退程度、国际产业链供应链恢复进度、全球贸易与投资增长状况等都存在变数。我国经济已深度融入世界经济，世界经济下行必将通过进出口、金融市场、市场信心等对我国经济带来大的影响。特别是不少国家企业停工停产，全球产业链供应链严重受阻，制约我国产业的循环畅通。从国内看，今后一个阶段境外疫情输入与境内疫情反弹风险并存，对经济发展来说始终是一种不确定阻碍因素，同时前期被疫情打乱的产业循环、市场循环、经济社会循环的完全修复和顺畅尚需努力，特别是在常态化疫情防控背景下经济增长的内在机理、特点等异于平常，扰动因素也大为增加，作为反映经济运行状况和态势的经济增速指标的作用和意义大打折扣，甚至会与实际情况相背离。综合国内外因素背景，不提出全年经济增速具体目标，体现了实事求是的精神，也遵循经济发展的内在规律。

（二）更好地体现保障和改善民生发展的根本目的

在正常情况下，经济增长速度与就业增加、民生改善等之间具有直接的关联效应。比如，近几年国内生产总值每增长一个百分点，带动约200万人就业。但是2020年情况特殊，为对冲疫情对就业和民生的影响，我们在统筹疫情防控和经济社会发展中强调"要优先稳就业保民生，坚决打赢脱贫攻坚战，努力实现全面建成小康社会目标任务"，主要是为了引导和调动各方面资源直接用于支持保就业保民生和脱贫攻

2. 着眼点着力点不能放在GDP增速上

坚。这是非常时期采取的直抓根本、直接惠民利企的非常之策。如果不是这样做，而是继续按常规确定全年经济增速具体目标，那经济政策就要基于这个目标来制定，宏观调控就要围绕这个目标来进行，各方面的注意力也会聚焦这个目标。实施一系列保就业、保民生政策，虽然一季度国内生产总值同比下降6.8%，但城镇新增就业229万人，居民人均可支配收入比上年同期名义增长0.8%，扣除价格因素，实际下降3.9%、低于经济降幅。二季度我国经济增速由负转正，在世界主要经济体中率先实现复苏，成绩来之不易。这是"六稳""六保"政策体系精准发力的真实反映，也是中国经济战略纵深和制度韧性的体现，充分说明中国经济有着强大的竞争力、创新力和抗风险能力。事实也证明，越是风险挑战，越能检验成色、底色，越能凸显深层优势、发展后劲。2020年以来，面对新冠肺炎疫情严重冲击，我们保持战略定力，精准谋划布局，从"六稳"到"六保"，释放出清晰而有力的信号，通过直接有力的举措来保就业保民生是可行的、有效的。

（三）已经奠定了全面建成小康社会的决定性基础

不设定GDP目标不等于我们不完成全面小康的目标。改革开放初期，我们党把小康社会融入现代化进程之中，将其确立为"三步走"战略中第二步的奋斗目标。即到20世纪末，使国民生产总值再翻一番，达到小康水平。1997年，我国提前完成这一目标，人民生活水平总体上达到了小康水平。但当时的小康还是低水平、不全面、发展很不平衡的小康。在以习近平同志为核心的党中央坚强领导下，党的十八大在十六大、十七大确立的全面建设小康社会目标基础上，提出了新的要求。党的十九大再次强调，到建党一百年时建成经济更加发展、民主更加健全、科教更加进步、文化更加繁荣、社会更加和谐、人民生活更加殷实的小康社会。习近平总书记指出："全面建成小康社会，强调的不仅是'小康'，而且更重要的也是更难做到的是'全面'。"全面建成小康社会是一场重大而深刻的社会变迁，是社会的全面发展、全面进步，涉经济、政治、文化、社会、生态等诸多方面。2019年我国国内生产总值近百万亿元，人均GDP突破1万美元大关，在中等收入国家中位居前列，城镇化率超过60%，中等收入群体已达到4亿以上，农村贫困人口仅有550余万，基础设施和公共服务显著改善，不一而足。这一系列成就举世公认，为全面建成小康社会打下了决定性基础。2020年是全面建成小康社会收官之年，新冠肺炎疫情突如其来，一定程度上影响了原有的部署安排，但我们有把握完成脱贫攻坚任务，这是实现全面建成小康社会目标的标志。

（四）稳住经济基本盘，守住"六保"底线

2020年没有提出经济增速具体目标，决不意味着经济增长不重要。只有保持适度的经济增长，才能稳住就业、保住基本民生、实现脱贫目标，也才能有效防范各类风险隐患集中爆发，主要原因在于就世界各国的历史经验来看，一次大的公共卫生危机可能会演化成经济危机、社会危机和政治危机。我们要想防止公共卫生危机向经济危机、社会危机甚至政治危机蔓延，最重要的就是解决就业问题和保障民生。"保"是底线，"六保"针对的都是当前经济社会生活中的突出矛盾和风险隐患，是直面重大挑战的具体体现。实现"六保"，就能稳住经济基本盘，就能为"进"创造条件，就能赢得未来。"六保"特别是保居民就业、保基本民生、保市场主体，与经济增速密切相关。实现"六保"尤其是前三"保"，就意味着经济要有一定的增长，而且这种增长是能够直接让人民群众感受得到，是实实在在、真真切切的增长。

三、多措并举，着力做好经济社会发展各项工作

实现2020年发展主要目标任务，必须坚持稳中求进工作总基调，毫不放松常态化疫情防控，以"六稳""六保"护航全年经济目标，着力做好经济社会发展各项工作。

2. 着眼点着力点不能放在GDP增速上

（一）加大宏观政策实施力度，着力稳企业保就业

保障就业和民生，必须稳住上亿市场主体，这是经济发展的活力源泉。特别是量大面广的中小微企业、个体工商户吸纳90%以上的城镇就业，关系亿万家庭生计，在新冠肺炎疫情中受到冲击和影响最大。只有尽力帮助这些市场主体渡过难关、防止出现大规模倒闭，经济增长才有基础，就业才有支撑，人民生活才有保障。

加大减税降费力度。按照强化阶段性政策与落实制度性安排相结合的思路，从三个方面提出了减税降费举措。一是制度性减税降费的力度更大。继续执行2019年出台的下调增值税税率和企业养老保险费率政策。由于这两项大规模减税降费政策是分别于2019年4月、5月开始实行的，2020年全年实施，新增减税降费约5000亿元。二是把前期出台的6月前到期的减税降费政策执行期限延长到2020年年底。包括免征中小微企业养老、失业和工伤保险单位缴费，减免小规模纳税人增值税，免征公共交通运输、餐饮住宿、旅游娱乐、文化体育等服务增值税，减免民航发展基金、港口建设费，这些政策的执行期限全部延长到2020年年底。2020年小微企业、个体工商户所得税缴纳一律延缓到2021年。延长支持疫情防控保供相关税费政策实施期限。预计全年为企业新增减负超过2.5万亿元。三是多措并举推动降低企业生产经营成本。降低工商业电价5%政策延长到2020年年底。宽带和专线平均资费降低15%。减免国有房产租金，鼓励各类业主减免或缓收房租，并予政策支持。坚决整治涉企违规收费。

权威访谈

访国家税务总局局长王军

2019年上半年，全国累计新增减税降费15045亿元。

减税降费政策有序有力落地，对我国经济快速恢复发展至关重要。不仅纾解了企业经营困难，而且增强了企业发展信心，尤其体现在激发市场主体活力、增强企业发展后劲上。

激发市场主体活力，可以用两组数据说明：一是 10 万户重点税源企业数据显示，上半年每百元营业收入税费负担同比下降 0.65 元。国家统计局公布的数据显示，6 月全国规模以上工业企业实现利润同比增长 11.5%，不言而喻，这其中有相当一部分因素是减税降费效果直接或间接的转换。二是全国 5000 多万户小规模纳税人，免征增值税的约占 92%，余下 8% 左右缴纳增值税的 440 万户纳税人征收率又从 3% 降为 1%（其中湖北省免征），这在很大程度上激发了创业积极性。2020 年二季度，全国办理过涉税事项的新增市场主体主要是小微企业和个体户，同比增长 7.1%。

增添企业发展后劲，也用两组数据说明：一是二季度全国享受研发费用加计扣除政策的 33 万户企业购进高技术设备和服务同比增长 22.3%，在疫情冲击中持续加大科技投入，不仅推动销售收入同比增长 4.8%，高于全国平均水平 8.9 个百分点，更为中国经济高质量发展增添强大后劲。二是 6 月末增值税一般纳税人同比新增 10.9%，也就是说，有 106 万户企业"由小变大"或为新办的年销售收入 500 万元以上的企业。

强化对稳企业的金融支持。当前企业特别是中小微企业现金流极为紧张，保持资金链安全是稳企业最迫切的任务。中小微企业贷款延期还本付息政策再延长至 2021 年 3 月底，对普惠型小微企业贷款应延尽延，对其他困难企业贷款协商延期。完善考核激励机制，鼓励银行敢贷、愿贷、能贷，利用金融科技和大数据降低服务成本，提高服务精准性。大幅拓展政府性融资担保覆盖面并明显降低费率。金融机构与贷款企业共生共荣，鼓励银行合理让利。为保市场主体，一定要让中小微企业贷款可获得性明显提高，一定要让综合融资成本明显下降。

千方百计稳定和扩大就业。加强对重点行业、重点群体就业支持。2020年高校毕业生达874万人,要促进市场化社会化就业,高校和属地政府都要提供不断线的就业服务,扩大基层服务项目招聘。做好退役军人安置和就业保障。实行农民工在就业地平等享受就业服务政策。帮扶残疾人、零就业家庭等困难群体就业。我国包括零工在内的灵活就业人员数以亿计,2020年对低收入人员实行社保费自愿缓缴政策,涉及就业的行政事业性收费全部取消,合理设定流动摊贩经营场所。资助以训稳岗拓岗,加强面向市场的技能培训,鼓励以工代训,共建共享生产性实训基地,2020年、2021年两年职业技能培训3500万人次以上,高职院校扩招200万人,要使更多劳动者长技能、好就业。

(二)依靠改革激发市场主体活力,增强发展新动能

经济发展的动力来自于市场主体的活力。保住市场主体并努力维持其活跃度,是"六保"的重要任务。

深化"放管服"改革。营商环境就是生产力、竞争力,其优劣直接影响市场主体的兴衰、生产要素的聚散、发展动力的强弱。尽管经过不懈努力,这些年"放管服"改革取得明显成效。在常态化疫情防控下,要调整措施、简化手续,促进全面复工复产、复市复业。推动更多服务事项一网通办,做到企业开办全程网上办理。放宽小微企业、个体工商户登记经营场所限制,便利各类创业者注册经营、及时享受扶持政策。支持大中小企业融通发展。完善社会信用体系。以公正监管维护公平竞争,持续打造市场化、法治化、国际化营商环境。

推进要素市场化配置改革。推动中小银行补充资本和完善治理,更好服务中小微企业。改革创业板并试点注册制,发展多层次资本市场。强化保险保障功能。赋予省级政府建设用地更大自主权。促进人才流动,培育技术和数据市场,激活各类要素潜能。2020年3月,党中央、国务院印发的《关于构建更加完善的要素市场化配置体制机制的意见》,就扩大要素市场化配置范围、促进要素自主有序流动、加快要素价格市场化改革、健全要素市场运行机制等进行了全面部署。

提升国资国企改革成效。国有企业是中国特色社会主义的重要物质基础和政治基础。在这次抗击疫情中，国有企业在保障物资供应和产业链供应链稳定等方面发挥了引领作用。2020年实施国企改革三年行动。健全现代企业制度，完善国资监管体制，深化混合所有制改革。基本完成剥离办社会职能和解决历史遗留问题。国企要聚焦主责主业，健全市场化经营机制，提高核心竞争力。

优化民营经济发展环境。民营经济是创业就业、技术创新的重要主体和国家税收的重要来源。保障民营企业平等获取生产要素和政策支持，清理废除与企业性质挂钩的不合理规定。限期完成清偿政府机构、国有企业拖欠民营和中小企业款项的任务。构建亲清政商关系，促进非公有制经济健康发展。要健全政企沟通机制，完善涉企政策制定和执行机制，及时帮助民营企业解决遇到的困难和问题，提振企业家发展信心。

推动制造业升级和新兴产业发展。制造业是一个国家经济的骨架，代表着综合实力、核心竞争力和抗风险能力。目前我国成为世界第一制造大国，是全世界唯一拥有联合国产业分类中全部工业门类的国家，但总体上看，制造业大而不优、大而不强，仍处于全球产业链的中低端，仍有进步空间。支持制造业高质量发展，大幅增加制造业中长期贷款。发展工业互联网，推进智能制造，培育新兴产业集群。发展研发设计、现代物流、检验检测认证等生产性服务业。电商网购、在线服务等新业态在抗疫中发挥了重要作用，要继续出台支持政策，全面推进"互联网+"，打造数字经济新优势。

提高科技创新支撑能力。科学技术是第一生产力，无论是抗击疫情，还是做好"六稳""六保"工作，促进高质量发展，都离不开强有力的科技支撑。稳定支持基础研究和应用基础研究，引导企业增加研发投入，促进产学研融通创新。加快建设国家实验室，重组国家重点实验室体系，发展社会研发机构，加强关键核心技术攻关。发展民生科技。深化国际科技合作。加强知识产权保护。改革科技成果转化机制，畅通创新链，营造鼓励创新、宽容失败的科研环境。

深入推进大众创业万众创新。我国拥有世界上规模最大的人力人才资源，具有无限的创新创造潜能，只要充分释放出来，就能形成推动发展的强劲动力。发展创业投资和股权投资，增加创业担保贷款。深化新一轮全面创新改革试验，新建一批双创示范基地，坚持包容审慎监管，发展平台经济、共享经济，更大激发社会创造力。

（三）实施扩大内需战略，推动经济发展方式加快转变

扩大内需是加快释放国内市场需求潜力、应对经济下行压力的必然选择，也是满足人民日益增长的美好生活需要的必然要求。7月30日，习近平总书记主持召开中共中央政治局会议，分析研判当前经济形势，部署下半年经济工作，就"牢牢把握扩大内需这个战略基点"提出了一系列要求。将我国拥有超大规模市场、内需潜力大的优势切实发挥出来，努力完成全年经济社会发展目标任务。

这些年，内需对我国经济增长的贡献率逐年提升，在未来较长一段时间内，作用将更加突出。我国有14亿人口，中等收入群体超过4亿且规模还在不断扩大，国内市场空间广阔，是全球最具成长性的大市场。同时，我国正处于新型工业化、信息化、城镇化、农业现代化快速发展阶段，投资需求潜力仍然巨大，拉动经济增长作用明显。当前，我国疫情防控局势平稳，经济运行基本恢复。但也要看到，国际环境复杂多变，全球市场萎缩。对此，我们更要集中力量办好自己的事，牢牢把握扩大内需这个战略基点，发挥优势、激发潜力，抓住机遇、应对挑战。

牢牢把握扩大内需这个战略基点，关键是要推动提振消费与扩大投资有效结合、相互促进，重点在推出牵引性大、穿透力强、精准度高的务实举措，扎实做好"六稳"工作、全面落实"六保"任务。在宏观上，需以供给侧结构性改革为主线，将扩大内需作为一个重要着力点，为外部环境可能出现的变化腾挪更多国内市场空间，同时更好服务实体经济，扩大有效投资，更加注重投资的质量和效益，推动国内经济繁荣，畅通国内大循环。在具体实践中，要积极克服疫情影响，为居民消费升级创造条件，努力扩大最终消费；要积极扩大有效投资，鼓励社会资本参与，支持既促消费惠民生又调结构增后劲的"两新一重"建设；要用深化改革的办法优化营商环境，大力保护和激发市场主体活力，将已经出台的援企稳岗政策落到实处；要提高产业链供应链稳定性和竞争力，着力打通生产、分配、流通、消费各个环节，更加注重补短板和锻长板。

扩大内需是个系统性、综合性工程，我们要着眼于体系建设，将实施扩大内需战略与深入推进新型城镇化、落实区域发展战略、加强生态环境治理、做好民生保障等结合起来，促进财政、货币政策同就业、产业、区域等政策形成集成和协同效应，统筹兼顾、一体推动，以更好激发内需潜力，为我国经济发展增添动力。

（四）确保实现脱贫攻坚目标，促进农业丰收农民增收

要落实脱贫攻坚和乡村振兴举措，保障重要农产品供给，提高农民生活水平。

坚决打赢脱贫攻坚战。目前全国未摘帽的贫困县有52个，贫困人口超过1000人或贫困发生率超过10%的贫困村有1113个。要加大剩余贫困县和贫困村攻坚力度，推动政策、资金、帮扶力量予以倾斜，实施挂牌督战，及时帮助解决遇到的困难和问题，强化对特殊贫困人口兜底保障，确保贫困县如期摘帽、贫困村如期出列、贫困人口如期脱贫。务工收入是贫困家庭收入的主要来源，稳就业是巩固脱贫成果的关键举措。开展消费扶贫行动，支持扶贫产业恢复发展。加强易地扶贫搬迁后续扶持。深化东西部扶贫协作和中央单位定点扶贫。强化对特殊贫困人口兜底保障。搞好脱贫攻坚普查。继续执行对摘帽县的主要扶持政策。习近平总书记指出："脱贫摘帽不是终点，而是新生活、新奋斗的起点。"接续推进脱贫与乡村振兴有效衔接，全力让脱贫群众迈向富裕。

着力抓好农业生产。解决好十几亿人口的吃饭问题,始终是头等大事。稳定粮食播种面积和产量,提高复种指数,提高稻谷最低收购价,增加产粮大县奖励,大力防治重大病虫害。支持大豆等油料生产。惩处违法违规侵占耕地行为,新建高标准农田8000万亩。培育推广优良品种。完善农机补贴政策。深化农村改革。加强非洲猪瘟等疫病防控,恢复生猪生产,发展畜禽水产养殖。健全农产品流通体系。压实"米袋子"省长负责制和"菜篮子"市长负责制。14亿中国人的饭碗,我们有能力也务必牢牢端在自己手中。

拓展农民就业增收渠道。务工收入是农民增收的大头。对外出农民工,要落实在就业地平等享受就业服务政策。支持农民就近就业创业,促进一二三产业融合发展,扩大以工代赈规模,让返乡农民工能打工、有收入。加强农民职业技能培训。依法根治拖欠农民工工资问题。扶持适度规模经营主体,加强农户社会化服务。支持农产品深加工。完善乡村产业发展用地保障政策。增强集体经济实力。增加专项债券投入,支持现代农业设施、饮水安全工程和人居环境整治,持续改善农民生产生活条件。

(五)推进更高水平对外开放,稳住外贸外资基本盘

面对外部环境变化,要坚定不移扩大对外开放,稳定产业链供应链,以开放促改革促发展。

政策传真

2020年8月13日,国务院办公厅印发《关于进一步做好稳外贸稳外资工作的意见》明确提出15项稳外贸稳外资政策措施,主要内容包括:

一是加大财税金融支持。更好发挥出口信用保险作用,积极保障出运前订单被取消的风险。支持有条件的地方复制或扩大"信保+

担保"的融资模式。以多种方式为外贸企业融资提供增信支持。进一步扩大对中小微外贸企业出口信贷投放。给予重点外资企业金融支持,再贷款再贴现专项额度同等适用外资企业。降低外资研发中心享受优惠政策门槛,鼓励外商来华投资设立研发中心。

二是发展贸易新业态新模式。新增一批市场采购贸易方式试点,力争将总量扩大至30个左右,支持跨境电商平台、跨境物流发展和海外仓建设等,加大对外贸综合服务企业的信用培育力度。拓展对外贸易线上渠道,推进"线上一国一展",支持中小外贸企业开拓市场,帮助出口企业对接更多海外买家。

三是提升通关和人员往来便利化水平。进一步推动规范和降低进出口环节合规成本,在有条件的口岸推广口岸收费"一站式阳光价格",加大技术贸易措施咨询服务力度。在严格落实好防疫要求前提下,继续与有关国家商谈建立"快捷通道",为人员往来提供便利,分阶段增加国际客运航班总量,适度增加与我国主要投资来源地民航班次。

四是支持重点产业和重点企业。引导加工贸易梯度转移,培育一批东部与中西部、东北地区共建的加工贸易产业园区。进一步加大对劳动密集型产品出口企业的支持力度。"一企一策"帮助大型骨干外贸企业破解难题。对重点外资项目一视同仁加大用地等服务保障。推动高新技术企业认定管理和服务便利化,鼓励外资更多投向高新技术产业。

促进外贸基本稳定。当前,我国外贸企业特别是中小企业生产经营面临巨大压力。国际市场需求萎缩,国外订单大幅减少,运营成本急剧增加,部分企业存在资金链断裂风险。外贸行业直接和间接吸纳1.8亿人就业,稳外贸事关就业民生,必须加大政策扶持力度。围绕支持企业增订单稳岗位保就业,加大信贷投放,扩大出口信用保险覆盖面,降低进出口合规成本，支持出口产品转内销。加快跨境电商等新业态发展，提升国际货运能力。推进新一轮服务贸易创新发展试点。筹办好第三届进博会，积极扩大进口，发展更高水平面向世界的大市场。

积极利用外资。利用外资是我们的长期方针，对促进经济持续健康发展具有重要意义。当前全球跨国直接投资低迷，商务人员往来受限，我们要采取有力举措，优化外商投资环境，努力促进外商投资稳定增长、提升质量。大幅缩减外资准入负面清单，出台跨境服务贸易负面清单。深化经济特区改革开放，改革开放40多年来，经济特区在我国经济体制改革中发挥了"试验田"作用，在对外开放中发挥了重要"窗口"作用。在新形势下，要深化经济特区改革开放，使之更好担负起为全国改革开放探路开路的重任。赋予自贸试验区更大改革开放自主权，在中西部地区增设自贸试验区、综合保税区，增加服务业扩大开放综合试点。加快海南自由贸易港建设。营造内外资企业一视同仁、公平竞争的市场环境。

高质量共建"一带一路"。坚持共商共建共享，遵循市场原则和国际通行规则，发挥企业主体作用，开展互惠互利合作。引导对外投资健康发展，创新对外投资方式，优化对外投资结构，提升风险防范能力。

推动贸易和投资自由化便利化。经济全球化符合世界各国的根本利益，是不可逆转的历史潮流。坚定维护多边贸易体制，积极参与世贸组织改革。推动签署区域全面经济伙伴关系协定，推进中日韩等自贸谈判。共同落实中美第一阶段经贸协议。中国致力于加强与各国经贸合作，实现互利共赢。

（六）围绕保障和改善民生，推动社会事业改革发展

保基本、兜底线是政府的重要职责。面对困难，基本民生的底线要坚决兜牢，群众关切的事情要努力办好。

加强公共卫生体系建设。针对这次疫情暴露出的短板和不足，坚持生命至上，改革疾病预防控制体制，加强传染病防治能力建设，完善传染病直报和预警系统,坚持及时公开透明发布疫情信息。用好抗疫特别国债,加大疫苗、药物和快速检测技术研发投入,增加防疫救治医疗设施,增加移动实验室,强化应急物资保障,强化基层卫生防疫。加快公共卫生人才队伍建设。深入开展爱国卫生运动。普及卫生健康知识,倡导健康文明生活方式。要大幅提升防控能力,坚决防止疫情反弹,坚决守护人民健康。

提高基本医疗服务水平。经过这些年的努力,我们已建立全国统一的城乡居民基本医保制度。在新冠肺炎患者救治中,这一制度发挥了重要保障功能,将患者及其家庭的医疗费用负担降到最低。居民医保人均财政补助标准增加30元,开展门诊费用跨省直接结算试点。对受疫情影响的医疗机构给予扶持。深化公立医院综合改革。发展"互联网+医疗健康"。建设区域医疗中心。提高城乡社区医疗服务能力。推进分级诊疗。促进中医药振兴发展,加强中西医结合。构建和谐医患关系。严格食品药品监管,确保安全。

推动教育公平发展和质量提升。教育寄托着亿万家庭对美好生活的期盼,教育公平是人生公平的起点。坚持立德树人。有序组织中小学教育教学和中高考工作。加强乡镇寄宿制学校、乡村小规模学校和县城学校建设。完善随迁子女义务教育入学政策。办好特殊教育、继续教育,支持和规范民办教育。发展普惠性学前教育,为民办幼儿园纾困。推动高等教育内涵式发展,推进一流大学和一流学科建设,支持中西部高校发展。扩大高校面向农村和贫困地区招生规模。发展职业教育。加强教师队伍建设。推进教育信息化。要稳定教育投入,优化投入结构,缩小城乡、区域、校际差距,让教育资源惠及所有家庭和孩子,让他们有更光明的未来。

加大基本民生保障力度。养老金是老年人基本生活保障,2020年,再次上调退休人员基本养老金,提高城乡居民基础养老金最低标准。实现企业职工基本养老保险基金省级统收统支,提高中央调剂比例。全国近3亿人领取养老金,必须确保按时足额发放。落实退役军人优抚政策。做好因公殉职人员抚恤。扩大失业保险保障范围,将参保不足1年的农民工等失业人员都纳入常住地保障。完善社会救助制度。扩大低保保障范围,对城乡困难家庭应保尽保,将符合条件的城镇失业和返乡人员及时纳入低保。对因灾因病因残遭遇暂时困难的人员,都要实施救助,尽可能帮助他们解决就业和生活难题,坚决防止冲击社会道德底线的事件发生。

当前和今后一个时期,我们要按照中央的要求和部署,以"六稳""六保"护航全年经济目标,坚定发展信心,增强发展动力,确保完成决胜全面建成小康社会、决战脱贫攻坚目标任务,推动我国经济乘风破浪、行稳致远。

3 全面小康大家一起走
——坚决打赢脱贫攻坚战

2020年全国"两会"期间,习近平总书记在看望参加全国政协十三届三次会议的经济界委员并参加联组会时,深情地说:"我们这代人有一份情结,扶一把老百姓特别是农民。社会主义道路上一个也不能少,全面小康大家一起走!"习近平总书记的这份情结,彰显出坚定的人民立场、真切的为民情怀,这既是党向人民和历史作出的郑重承诺,也是社会主义制度的显著优越性所在。

党的十八大以来,习近平总书记反复提及小康路上"一个也不能少""大家一起走"。2014年1月,在内蒙古考察时说,"只要还有一家一户乃至一个人没有解决基本生活问题,我们就不能安之若素";2015年3月,在参加十二届全国人大三次会议广西代表团审议时说:"决不让一个少数民族、一个地区掉队";2015年11月,在中央扶贫开发工作会议上说,"众志成城实现脱贫攻坚目标,决不能落下一个贫困地区、一个贫困群众";2017年10月,在第十九届中央政治局常委同中外记者见面会上强调:"全面建成小康社会,一个不能少;共同富裕路上,一个不能掉队";2020年5月,在对毛南族实现整族脱贫作出的重要指示中指出:"全面建成小康社会,一个民族都不能少。"

一、脱贫攻坚是全面建成小康社会必须完成的硬任务

2020年是全面建成小康社会目标实现之年,也是脱贫攻坚收官之年。回顾新中国70多年扶贫开发历程,我们在经济发展和扶贫减贫的良性互动中,成功走出了一条中国特色扶贫开发道路。

(一) 我国扶贫开发历程

自新中国成立至今,我国围绕扶贫开发开展了多阶段和多领域的探索创新,大致可分为六个重要阶段。

第一个阶段是新中国成立至改革开放前(1949~1977年),是计划经济体制下的广义扶贫期。这一时期,农村扶贫开发工作主要是通过全国范围内实施土地改革、废除封建土地剥削制度、全力推进国家工业化来实现的,这属于扶贫开发初步探索阶段。

第二个阶段是农村土地制度向家庭联产承包责任制过渡的扶贫阶段(1978~1985年),是经济体制改革引发的大规模缓解贫困期。这一阶段,经济体制改革是农村减贫的主要推动力,家庭联产承包责任制的确立与统购统销制度改革,极大释放了农业生产力,人民生活水平稳步提升。

第三个阶段是扶贫体制改革和贫困县开发式扶贫的探索阶段(1986~1993年)。这一阶段,国家成立了专门的扶贫机构,中央成立了国务院扶贫开发领导小组及办公室,省地县也成立了相应的机构,使扶贫工作组织化、制度化、专业化;初步完善了扶贫制度体系的瞄准性,将资源下沉到贫困县,开始了以县为基本扶贫单位来分配使用扶贫资源的制度模式;对传统的救济式扶贫改革,提出开发式扶贫方针。

第四个阶段是综合性目标任务下的区域瞄准性扶贫开发阶段(1994~

2000年)。这一阶段,为了加快扶贫开发步伐,国务院在1994年又启动了《国家八七扶贫攻坚计划》,我国扶贫理念实现重大转变,扶贫行动上也实现了重要升级,扶贫开发体系初步形成,大规模连片区域贫困现象得到缓解。

第五个阶段是整村推进和参与式扶贫机制创新阶段(2001~2010年)。这一阶段,国务院又颁布并实施了《中国农村扶贫纲要(2001~2010)》,农村贫困治理实现了贫困瞄准对象从贫困县转换到贫困村,瞄准对象进一步下沉,扶贫精准度得到进一步提升,贫困村居民获益较多。

第六个阶段是2011年以后的精准扶贫阶段。2011年,为进一步加快贫困地区发展,促进共同富裕,实现到2020年全面建成小康社会奋斗目标,中共中央、国务院制定印发《中国农村扶贫纲要(2011~2020)》,确定了14个连片特困地区为扶贫开发主战场,提出了"两不愁、三保障"的目标。以习近平同志为核心的党中央将脱贫攻坚作为全面建成小康社会"守底线"和"补短板"的首要任务,制定精准扶贫、精准脱贫新方略,在区域瞄准基础上,更加注重个体瞄准,根据贫困人口致贫原因,量身定制扶持举措。2013年,习近平总书记到湖南湘西考察时强调"实事求是、因地制宜、分类指导、精准扶贫","精准扶贫"作为我国脱贫攻坚的基本方略被首次提出。至此,我国的扶贫开发工作正式进入了开发式扶贫与保障式扶贫相结合的精准扶贫期。

(二)我国脱贫攻坚取得决定性成就

党的十八大以来,以习近平总书记为核心的党中央把脱贫攻坚摆到治国理政的突出重要位置,明确了到2020年我国现行标准下农村贫困人口实现脱贫、贫困县全部摘帽、解决区域性整体贫困的目标任务。经过全党全社会不懈努力,脱贫攻坚取得了决定性胜利,成就举世瞩目。

第一,脱贫攻坚目标任务接近完成。党的十八大以来,党带领我们秉持"全面小康大家一起走"的信念,实施精准扶贫战略,贫困人口从

2012年年底的9899万人减到2019年年底的551万人，贫困发生率由10.2%降至0.6%，连续7年每年减贫规模都在1000万人以上。到2020年5月17日，全国832个贫困县中已有780个宣布脱贫摘帽，7个省区还剩下52个贫困县，区域性整体贫困基本得到解决，进入了全面收官的最后阶段。

第二，贫困群众收入水平大幅度提高。建档立卡贫困人口中，90%以上得到了产业扶贫和就业扶贫支持，2/3以上主要靠外出务工和产业脱贫，工资性收入和生产经营性收入占比上升，转移性收入占比逐年下降，自主脱贫能力稳步提高。2013~2019年，832个贫困县农民人均可支配收入由6079元增加到11567元，年均增长9.7%，比同期全国农民人均可支配收入增幅高2.2个百分点。全国建档立卡贫困户人均纯收入由2015年的3416元增加到2019年的9808元，年均增幅30.2%。贫困群众"两不愁"质量水平明显提升，"三保障"突出问题总体解决。

第三，贫困地区基本生产生活条件明显改善。具备条件的建制村全部通硬化路，村村都有卫生室和村医，10.8万所义务教育薄弱学校的办学条件得到改善，农网供电可靠率达到99%，深度贫困地区贫困村通宽带比例达到98%，960多万贫困人口通过易地扶贫搬迁摆脱了"一方水土养活不了一方人"的困境。解决了他们的出行难、用电难、上学难、看病难、通信难等长期没有解决的老大难问题，义务教育、基本医疗、住房安全有了保障。

第四，贫困地区经济社会发展明显加快。我们坚持以脱贫攻坚统揽贫困地区经济社会发展全局，贫困地区特色产业不断壮大，产业扶贫、电商扶贫、光伏扶贫、旅游扶贫等得到较快发展，贫困地区经济活力和发展后劲明显增强。通过生态扶贫、易地扶贫搬迁、退耕还林还草等，贫困地区生态环境明显改善，贫困户就业增收渠道明显增多，基本公共服务日益完善。

第五，贫困治理能力明显提升。我们推进抓党建促脱贫攻坚，贫困地区基层组织得到加强，基层干部通过开展贫困识别、精准帮扶，本领明显提高，巩固了党在农村的执政基础。据统计，党的十八大以来，共有25.5万个驻村工作队、290多万名县级以上党政机关和国有企事业单位干部战斗在扶贫一线，带领群众攻破一个个贫困堡垒，筑起了一道道防返贫堤坝，尤其是在这次新冠肺炎疫情防控中，贫困地区基层干部展现出较强的战斗力，经受了脱贫工作历练。

第六，中国减贫方案和减贫成就得到国际社会普遍认可。脱贫攻坚任务完成后将有1亿左右人口实现脱贫，提前10年实现联合国2030年可持续发展议程的减贫目标。这种大体量的脱贫规模，不仅我国历史上前所未有，别的国家也没有出现过，创造了世界减贫史上的伟大奇迹。面对这样一份成绩单，没有人不为之震撼和动容。许多国家领导人或国际组织主要负责人都肯定中国减贫成就，许多发展中国家希望分享中国减贫经验。

（三）实现全面小康必须全部脱贫

实现全面小康必须全部脱贫，实质就是全面小康大家一起走。习近平总书记指出："我们不能一边宣布全面建成了小康社会，另一边还有几千万人口的生活水平处在扶贫标准线以下，这既影响人民群众对全面建成小康社会的认可度，也影响国际社会对我国全面建成小康社会的认可度。"困难群众始终是习近平总书记心中的牵挂，他强调："我们党员干部都要有这样一个意识：只要还有一家一户乃至一个人没有解决基本生活问题，我们就不能安之若素；只要群众对幸福生活的憧憬还没有变成现实，我们就要毫不懈怠团结带领群众一起奋斗。"全面建成小康社会意味着各民族各地区的每个人携手共同迈进全面小康，而不是被平均、国富而民不强的"小康"。习近平总书记指出："全面建成小康社会，最艰巨最繁重的任务在农村、特别是在贫困地区。没有农村的小康，特别是没有贫困地区的小康，就没有全面建成小康社会。"农村贫困人口脱贫是全面建成小康社会的底线任务和标志性指标，也是最突出短板,这个底线任务不能打任何折扣。

贫困人口全部脱贫是我党确定的全面建成小康社会的标志性指标。全面建成小康社会和完成"十三五"规划在时间节点上是一致的。可以说,完成了"十三五"规划主要指标任务,也就实现了全面建成小康社会目标。衡量全面小康社会建成与否,既要看量化指标,也要充分考虑人民群众的实际生活状态和现实获得感。因此,全面建成小康社会对经济、政治、文化、社会、生态文明、缩小收入差距、区域协调发展提出了更高要求。我国一些地区发展水平与这些目标存在着一定差距,其中以区域性整体贫困严重、贫困人口等群体发展不足最为突出。脱贫攻坚的目标就是通过持续扶贫,解决绝对贫困问题,标准就是"两不愁三保障",时限就是 2020 年。贫困县的摘帽标准是中部地区贫困发生率下降到 2% 以下,西部地区下降到 3% 以下。坚持既定目标要求,从根源上改变弱势群体的弱势地位,让他们同全国人民一道迈入全面小康。全面建成小康社会,是习近平总书记的心之所牵、情之所系,是中国共产党人初心和使命的生动诠释。只有贫困地区和贫困人口实现"脱真贫、真脱贫",有效解决好贫困人口的生存和发展问题,彻底实现第一个百年奋斗目标的"最后一公里",才能凸显全面小康社会成色,才能让人民群众满意,让全面小康经得起历史的检验。

"贫困不是社会主义",消除贫困、改善民生、逐步实现共同富裕是社会主义的本质要求,是中国共产党的重要使命。如果贫困地区长期发展不足,贫困家庭生产生活条件长久得不到改善,就无法体现我国社会主义制度的优越性。因此,全面建成小康社会必须打赢脱贫攻坚战,必须完成贫困人口全部脱贫这一重要任务。2015 年 11 月,在北京京西宾馆召开的中央扶贫开发工作会议上,22 个中西部省(区、市)的"一把手",在脱贫攻坚责任书上郑重签下自己的名字,向党中央立下"军令状",习近平总书记多次强调:"军令状不是随便立的,我们说到就要做到。""全面建成小康社会,是我们对全国人民的庄严承诺,必须实现,而且必须全面实现,没有任何讨价还价的余地。"一诺千金!党的十八大以来，习近平总书记倾注精力最多的是扶贫工作，考察调研最多的是贫困地区。习近平总书记的这份情结，成为中国共产党为中国人民谋幸福、为中华民族谋复兴的生动见证。从解决8亿多人温饱问题，到攻克最后的贫困堡垒，共产党人念兹在兹的，就是让人民过上好日子。习近平总书记曾深刻指出："如果贫困地区长期贫困，面貌长期得不到改变，群众生活长期得不到明显提高，那就没有体现我国社会主义制度的优越性，那也不是社会主义。"社会主义制度的优越性，建立在每一个人、每一个民族的获得感、幸福感、安全感之上。不落一人高质量打赢脱贫攻坚战，对实现共同富裕具有重大而深远的里程碑意义。"全面小康大家一起走"，意味着经济快速发展和大规模减贫同步实现，意味着全体人民共享改革发展成果、朝着共同富裕不断迈进，这也正是中国共产党领导和社会主义制度的政治优势所在。

脱贫攻坚挂牌督战县名单（共52个）

一、广西壮族自治区（8个）

河池市都安县、大化县、罗城县，柳州市三江县、融水县，百色市隆林县、那坡县、乐业县

二、四川省（7个）

凉山州布拖县、昭觉县、美姑县、金阳县、普格县、喜德县、越西县

三、贵州省（9个）

毕节市威宁县、纳雍县、赫章县，黔东南州从江县、榕江县，黔西南州晴隆县、望谟县，铜仁市沿河县，安顺市紫云县

四、云南省（9个）

怒江州福贡县、泸水市、兰坪县，曲靖市会泽县，昭通市镇雄县，普洱市澜沧县，文山州广南县，丽江市宁蒗县，红河州屏边县

> **五、甘肃省（8个）**
>
> 陇南市西和县、礼县、宕昌县，临夏州东乡县、临夏县，定西市通渭县、岷县，庆阳市镇原县
>
> **六、宁夏回族自治区（1个）**
>
> 固原市西吉县
>
> **七、新疆维吾尔自治区（10个）**
>
> 和田地区墨玉县、皮山县、于田县、洛浦县、策勒县，喀什地区莎车县、伽师县、叶城县、英吉沙县，克州阿克陶县

二、高质量完成脱贫攻坚目标任务

当前全球疫情和世界经济形势仍然严峻复杂，我国发展面临的挑战前所未有。我们既要毫不放松常态化疫情防控，又要着力做好经济社会发展各项工作。行百里者半九十，完成最后的百米冲刺到达终点最为艰难。如今在此情形下，决胜脱贫攻坚全面胜利的最后冲锋号已经吹响，但剩下都是最难啃的硬骨头，越发需要以"咬定青山不放松"的精神劲头，聚焦关键性难题，攻克主山头，啃下硬骨头。

（一）坚决啃下剩余脱贫"硬骨头"

剩余脱贫攻坚任务艰巨。全国还有52个贫困县未摘帽，1113个村的贫困人口超过1000人或贫困发生率超过10%。虽然同过去相比总量不大，但这些都是经过多轮攻坚都没攻下来的"贫中之贫、困中之困"，是最难啃的"硬骨头"。"三保障"问题基本解决了，但稳定住、巩固好还不是一件容易的事情，有的孩子反复失学辍学，不少乡村医疗服务水平低，一些农村危房改造质量不高，有的地方安全饮水不稳定，还存在季节性缺水。剩余建档立卡贫困人口中，老年人、患病者、残疾人的

比例达到45.7%。要坚持精准扶贫，必须采取更加有力的举措、更加精细的工作，全力以赴确保剩余贫困人口如期脱贫、贫困县全部摘帽。

一要推动帮扶资源力量向剩余贫困任务聚焦。进一步聚焦52个未摘帽贫困县、"三区三州"等深度贫困地区，落实脱贫攻坚方案，瞄准突出问题和薄弱环节狠抓政策落实。深度贫困地区往往处于生存环境恶劣地区，很多要通过易地扶贫搬迁实现精准脱贫，从难度上讲，帮助深度贫困地区的贫困户以及特殊贫困群体脱贫是攻坚战中的"硬骨头"。要根据剩余脱贫任务不同类型分类施策，统筹整合各方面帮扶资源，组织精干力量强力帮扶，推动政策、资金、帮扶力量倾斜支持剩余贫困县和贫困村，确保贫困县如期摘帽、贫困村如期出列、贫困人口如期脱贫。

二要对剩余贫困县和贫困村实施挂牌督战，坚持督战一体，以督促战。挂牌督战目的是确保如期完成剩余脱贫任务，必须督战一体，既督又战。要强化督战结果导向，聚焦完成剩余脱贫任务，注重指导协助基层准确有效落实好政策举措，全力支持帮助基层解决好工作中遇到的困难和问题。做到国务院扶贫开发领导小组要较真碰硬"督"，各省区市要凝心聚力"战"，上下齐心协力啃下最后的硬骨头。

地方实践

2020年上半年，河北省对市县开展全省脱贫攻坚战"百日攻坚联合督战"，联合督战围绕脱贫攻坚7个方面重点工作，分3个阶段进行，每阶段工作重点有所侧重。第一、第二阶段为常规督查巡查阶段，每阶段实地督战时间不少于20天；第三阶段为集中督查阶段，重新调配力量、混合编组进行。

第一阶段（3月20日至4月30日），重点督战四方面工作。

剩余贫困人口脱贫工作。对剩余贫困人口超过1000人的11个县（市、区）和贫困人口超过20人的77村督战全覆盖（涉及28个县），同时抽查其他有剩余贫困人口的县。

13个贫困县和涿鹿县赵家蓬区脱贫摘帽工作。对2019年度脱贫摘帽县（区）全覆盖督战。

脱贫攻坚"回头看"工作和国考反馈问题整改工作。对国考点对点反馈存在问题的县督战全覆盖，同时抽查反馈可能存在举一反三问题的县。

第二阶段（5月1日至5月31日），重点督战脱贫摘帽县巩固提升、"6项重点任务清单"落实、防贫长效机制建立3方面工作。

第三阶段（6月1日至6月30日），对7个方面重点工作进行"回头看"的同时，集中督战脱贫攻坚普查准备工作。根据国家脱贫攻坚普查的具体要求，专项督查所有涉及的县在人员准备、数据采集、档案资料准备等方面工作情况。重点关注在7个方面重点工作存在问题较多的县。

三要着力解决影响脱贫的突出问题。要巩固"两不愁三保障"成果，防止反弹。而对特殊贫困群体来说，对特殊贫困群体的帮扶，无疑需要更有力度、更为精准的措施。对没有劳动能力的特殊贫困人口而言，他们的脱贫难度大、返贫风险高、脱贫不解困问题比较突出。截至目前，全国剩余建档立卡贫困人口中，老年人、患病者、残疾人比例达45.7%，其中建档立卡贫困残疾人还有48万。要强化他们的社会保障兜底，要全面落实低保、医保、养老保险、特困人员救助供养、临时救助等综合社会保障政策，实现应保尽保。对一些财力紧张的贫困地区，要支持其增强兜底保障能力，做到保障救助资金充足、发放足额及时。鳏寡孤独废疾者皆有所养，这是中国古人对大同社会的理想，历史上从未实现。这一理想只有在中国共产党领导下，确保完成决战决胜脱贫攻坚目标任务后，才能真正成为现实。

(二) 巩固脱贫成果防止返贫

防止返贫致贫是巩固提升脱贫攻坚成果的关键。巩固脱贫成果难度很大。已脱贫的地区和人口中,有的产业基础比较薄弱,有的产业项目同质化严重,有的就业不够稳定,有的政策性收入占比高。据各地初步摸底,已脱贫人口中有近 200 万人存在返贫风险,边缘人口中还有近 300 万存在致贫风险。巩固脱贫成果,就要在做实功、求实效上下功夫,让脱贫群众"两不愁"真正不愁、"三保障"确有保障,来不得半点花架子,必须咬定脱贫目标标准,努力把发展短板补得再扎实一些,把脱贫基础打得再牢靠一些,确保交出满意的脱贫答卷。

一是建立健全防止返贫的长效机制。防止返贫是系统工程,要从根本上解决问题,必须建立健全及时发现、及时救助的长效机制。要加强监测预警,对重点对象开展动态监测,对遭遇疾病灾害等意外、收入明显下降、支出大幅提高等情况,特别是因疫情或灾害影响返贫的,要及时发现、及时预警。目前 52 个挂牌督战县防止返贫监测机制已经基本建立,对脱贫不稳定人口和边缘易致贫人口及时纳入了帮扶范围。要完善精准帮扶措施,根据返贫致贫原因,及时采取有效的措施,有针对性地逐步补齐返贫人口脱贫增收的短板。对于有劳动能力的,要加强产业、就业、技术、资金等支持,确保他们通过自身劳动能够实现增收脱贫。对于丧失劳动能力的,要强化低保、特困人员救助供养、临时救助等综合保障措施,确保一旦农户出现返贫、生活受到影响,各项保障措施能够及时启动、能够保障基本生活,从制度上降低返贫风险。各地要结合实际创造性开展工作,积极探索采取防贫基金、防贫保险等手段,强化防返贫实效。

二是支持贫困劳动力稳岗就业。一人就业、全家脱贫,但一人失业,也很有可能导致全家返贫。2019 年,全国有 2700 多万贫困劳动力外出就业。要落实好贫困劳动力稳岗就业政策,优先组织贫困劳动力有序外出务工,鼓励企业优先留用贫困劳动力,为失业贫困劳动力优先提供转岗就业机会,确保2020年贫困劳动力外出务工规模不低于2019年。通过工程项目建设、以工代赈、扶贫龙头企业和扶贫车间等,提供更多就近就业机会,统筹用好各类乡村公益性岗位托底安置就业困难贫困劳动力。截至2020年7月31日,52个挂牌督战县2020年已外出务工285.23万人,是2019年外出务工人数的112.09%,贫困劳动力外出务工规模已超过了2019年,就业保持了基本稳定。将52个未摘帽贫困县、"三区三州"等深度贫困地区、易地扶贫搬迁大型安置区以及湖北等受疫情影响严重地区作为重中之重,加大劳务协作、项目建设等各类资源倾斜支持力度。

三是扎实做好易地扶贫搬迁后续帮扶。习近平总书记在2015年11月中央扶贫工作会议上提出扶贫工作的"五个一批",易地扶贫搬迁是其中的一个重要方面。经过近5年的持续攻坚,我国易地扶贫搬迁总体进展顺利,已进入以做好后续扶持为主的阶段。2019年4月,全国易地扶贫搬迁后续扶持工作现场会在贵州省召开,李克强总理批示指出:"统筹脱贫攻坚各类资金资源,切实加大对已搬迁群众的后续扶持力度,全力推进产业培育、就业帮扶、社区融入等各项工作。"全国易地扶贫搬迁960多万贫困人口,中西部地区还同步搬迁500万非贫困人口,相当于一个中等国家的人口规模。现在搬得出的问题基本解决了,下一步的重点是稳得住、有就业、逐步能致富。这就必须加强对易地扶贫搬迁后续扶持的资金投入、项目安排和工作落实,全面做好搬迁安置区产业发展、就业帮扶、配套设施建设等工作,确保搬迁群众稳得住、逐步能致富。要支持搬迁安置区利用扶贫产业园、原有山林田地等解决就业,积极组织搬迁人口外出务工,确保搬迁贫困户不出现零就业家庭。要积极促进搬迁群众融入新生活,根据搬迁群众不同安置类型,完善社会治理和服务,逐户跟进落实各项扶持政策,确保不出现工作"盲点"。

四是巩固提升产业扶贫成果。习近平总书记强调:"要瞄准突出问题精准施策,做好剩余贫困人口脱贫工作,因地制宜发展区域特色产业,加快建立防止返贫监测和帮扶机制,加强易地扶贫搬迁后续扶持,多措并举巩固脱贫成果。"产业扶贫是脱贫攻坚的基础和支柱,也是实现乡村振兴的关键所在和重要抓手。贫困人口依托特色产业发展实现稳定就业和持续增收,才能从根本上保证有效脱贫。脱贫攻坚以来,全国92%的贫困户参与了产业发展,67%的已脱贫人口主要通过发展产业实现脱贫。为此,因地制宜发展区域特色产业就不失为一条现实可行之路。但总体来说,产业扶贫在贫困地区还是处于起步期、成长期,抗风险能力和竞争力偏弱。产业扶贫各方面政策支持只能加强、不能削弱。

打造可持续的农业产业发展模式,延伸产业链条,提高抗风险能力,建立更加稳定的利益联结机制,确保贫困群众持续稳定增收。发展扶贫产业,重在群众受益,让农业产业扶贫行稳致远,就要突出农民的主体地位,始终把保障农民利益放在第一位,想办法拓展产业链,夯实产业基础,构建产供销一体化合作机制,实现更稳定、更长远的发展模式。比如,习近平总书记曾经点赞的"小木耳"和"小黄花"两个"大产业",都是建立起全产业链,塑造了地方特产品牌形象,大大增加了产品附加值。

农业产业扶贫是一项系统工程,关键要加强资金支持和技术保障,稳固产业发展基础,更快更好地拓展发展空间。为推动产业落地生根,都必须配套相应的资金和科学技术,建立符合现代市场体系的标准化产业流程。同时,还要出台政策大力支持科技下乡,鼓励科研院校展开技术扶贫,将先进技术传授给贫困农牧民,指导科学种植养殖。贫困地区的劳动部门与市场机构、电商平台等合作,加强技术培训工作,可以为贫困户培训特色手工技术、电商开店、直播技巧、旅游服务接待等职业技能,由此提高贫困户的技术素养,拓宽贫困户的创业就业范围。组织好产销对接,开展消费扶贫行动,利用互联网拓宽销售渠道,多渠道解决农产品"卖难"问题。比如,截至2020年7月31日,52个挂牌督战县扶贫产品滞销问题得到了有效解决。

政策传真

国家发展改革委 2020 年 3 月 13 日发布的《消费扶贫助力决战决胜脱贫攻坚 2020 年行动方案》（发改振兴〔2020〕415 号）明确，进一步扩大对贫困地区产品和服务的消费规模：

（一）推动 15 个部委联合发布的《动员全社会力量共同参与消费扶贫的倡议》有效落地。举办 2020 年全国消费扶贫论坛，为重点消费城市和贫困地区搭建交流合作、产销对接平台。在全国范围内遴选并推介一批政府机关、国有企事业单位、民营企业、社会组织及个人开展消费扶贫的典型案例，推动形成消费扶贫"人人皆能为、人人皆有为"的浓厚氛围（发展改革委牵头，有关部门配合）。

（二）大力实施政府采购贫困地区农副产品实施方案，组织各级预算单位通过优先采购、预留采购份额方式，持续加大对贫困地区农副产品采购力度。针对新冠肺炎疫情导致部分贫困地区农产品滞销问题，在"扶贫 832 平台"开设"保供给、防滞销"活动专区（财政部、扶贫办、供销合作总社）。

（三）继续组织中央和国家机关参与贫困地区农产品产销对接活动，定向直购贫困地区农产品，在日常食材采购中优先采购贫困地区农产品，签订长期购销协议。协调引导有条件的驻京办事处在京开展本省（区、市）贫困县农产品销售推介活动（中央和国家机关工委、国管局、扶贫办）。

（四）落实关于开展消费扶贫的通知有关要求，组织中西部贫困地区进行扶贫产品认定，组织东部地区采取多种形式扩大扶贫产品销售，鼓励市场主体参与消费扶贫，拓宽贫困群众增收渠道（扶贫办、中央网信办、教育部、农业农村部、商务部、国资委、全国工商联）。

（五）深入开展"农校对接"消费扶贫行动，建立信息化平台，依托中国校园团餐联盟采购扶贫地区产品，开展农校合作，完善供需对接机制，加大采购量，开展面向高校的订单农业（教育部、扶贫办）。

……

（十四）引导和动员有条件的行业协会商会、慈善组织深入开展消费扶贫参与脱贫攻坚。支持鼓励行业协会商会等社会团体通过组织发动企业会员和个人会员、慈善组织利用多种形式的慈善活动动员爱心企业和爱心人士等社会力量，消费来自贫困地区和贫困人口的产品与服务，帮助贫困地区和贫困人口增收脱贫（民政部）。

（三）决战决胜脱贫攻坚"考卷"

脱贫攻坚工作需要加强。随着越来越多贫困人口脱贫、贫困县摘帽，一些地方出现了工作重点转移、投入力度下降、干部精力分散的现象。形式主义、官僚主义屡禁不止，数字脱贫、虚假脱贫仍有发生，个别地区"一发了之""一股了之""一分了之"问题仍未得到有效解决，部分贫困群众发展的内生动力不足。从实践看，虽然疫情或灾害对减贫进程会产生影响，但截至目前，我们采取了果断的得力的措施，已将疫情的影响降到最低。现在，脱贫攻坚政策保障、资金支持和工作力量是充足的，各级干部也积累了丰富经验。要确保实现"真脱贫、脱真贫、不返贫"，让脱贫成果真正经得起历史和人民检验。

一要不折不扣地落实好"四个不摘"的要求。要保持过渡期内主要政策的稳定性、连续性、不搞政策急刹车，确保不出现松懈滑坡。实践中，有些贫困县摘帽后不同程度地出现了松紧懈怠的现象，这是实现"全面小康大家一起走"的"大敌"。在这紧要关头，决不能出现任何闪失，必须把防止工作松懈滑坡摆在突出位置，对退出的贫困县、贫困村、贫困人口，要扶上马送一程，切实做到摘帽不摘责任、摘帽不摘政策、摘帽不摘帮扶、摘帽不摘监管，确保工作力度不减、帮扶力量不减、扶持政策不减、资金投入不减。要深化扶贫领域腐败和作风问题专项治理，坚决反对形式主义、官僚主义，减轻基层负担。要坚持激励和约束并重，对存在松懈、厌战思想的干部，及时开展思想教育，决不能关键时候"掉链子"。要做好工作、生活、安全、健康等保障，让基层干部心无旁骛地投入到脱贫攻坚工作中去。

二要激发脱贫致富内生动力，增强贫困群众自我发展能力。贫困群众是扶贫攻坚的对象，更是脱贫致富的主体。扶贫不是慈善救济，而是要引导和支持所有有劳动能力的人，依靠自己的双手开创美好的明天。决战决胜脱贫攻坚，就必须采取有效措施，通过激励和引导贫困群众通过自身努力改变命运。扶贫重要的在于扶志和扶智相结合。思想是行动的先导，认识是行动的动力，只有先解决了贫困群众的"思想贫困"和"意识贫困"，摒弃"等靠要"颓丧思想，培养和激发发自内心的脱贫致富的强烈愿望和自发动力，提振"精气神"正能量，实现从"要我脱贫"到"我要脱贫"的观念转变，才能变"被动"为"主动"，变"外力"为"内力"，变"输血"为"造血"。只有贫困群众的思想通了，认识新了，观念变了，激发出自身发展生产、脱贫致富的主动性，才会持续不断萌生自力更生的意识，自觉依靠勤劳双手和顽强意志实现脱贫致富，建设自己的美好家园。要加强典型引导，向身边人、身边事学习，营造脱贫光荣、勤劳致富的浓厚氛围，如此扶贫才会有价值，有意义，有效果。

三要实施好脱贫攻坚考核督查和普查。这对于确保脱真贫、真脱贫非常关键，必须较真碰硬、严之又严。收官之年从一开始就要加强督导，持续压实责任，全程毫不松懈。国务院扶贫开发领导小组要开展督查巡查，加强常态化督促指导，2020年中央将继续开展脱贫攻坚成效考核。国务院扶贫开发领导小组重点督导脱贫任务重的西部省份。中央有关部门对"三保障"和饮水安全、易地扶贫搬迁后续帮扶、产业扶贫、就业扶贫、小额信贷、光伏扶贫等重点工作，开展专项督导。各地要聚焦突出问题和薄弱环节，加强一线督促指导，促进基层抓好工作落实。

要严把退出关,坚决杜绝数字脱贫、虚假脱贫。

从2020年下半年开始,国家要组织开展脱贫攻坚普查,对各地脱贫攻坚成效进行全面检验。脱贫攻坚普查是一项全面的调查评价,普查要调查的指标项目,都与脱贫质量和成效直接相关。各地各部门对照指标项目进行查漏补缺,可以及早查处和解决其他专项检查发现不了的问题,有利于提高脱贫工作质量。落实好脱贫攻坚普查方案,按时完成普查工作任务,为党中央适时宣布打赢脱贫攻坚战、全面建成小康社会提供数据支撑,确保经得起历史和人民检验。

三、接续推进全面脱贫与乡村振兴有效衔接

习近平总书记强调:"脱贫摘帽不是终点,而是新生活、新奋斗的起点。接下来要做好乡村振兴这篇大文章,推动乡村产业、人才、文化、生态、组织等全面振兴。""接续推进全面脱贫与乡村振兴有效衔接""要针对主要矛盾的变化,理清工作思路,推动减贫战略和工作体系平稳转型,统筹纳入乡村振兴战略,建立长短结合、标本兼治的体制机制"。这些重要论述既立足当前明确了全面打赢脱贫攻坚战的底线任务,又着眼长远高瞻远瞩地提出了全面脱贫后的奋斗目标,为接续推进全面脱贫与乡村振兴有效衔接提供了根本遵循、指明了前进方向。

(一) 准确理解有效衔接的丰富内涵

接续推进全面脱贫与乡村振兴有效衔接,是脱贫攻坚与乡村振兴交汇和过渡时期的一项重大战略任务。圆满完成这一任务,必须准确理解有效衔接的丰富内涵。当前正是实施乡村振兴战略的运行期、也是脱贫攻坚的决胜期。为全面脱贫与乡村振兴传递好"交接棒",做好接力跑的"冲刺交棒"与"起步接棒",直接关系到"三农"领域的稳定、全面小康的成色和社会主义现代化的进程。实施乡村振兴战略是解决好"三农"问题的重要保障,脱贫攻坚战则是乡村振兴战略有效实施和推

进的优先任务，是全面建成小康社会不可或缺的一块重要拼图。

打赢脱贫攻坚战是党中央提出的三大攻坚战之一，其目标是到2020年确保现行标准下的农村贫困人口全部脱贫，贫困县全部摘帽，解决区域性整体贫困；乡村振兴战略是党的十九大提出的七大战略之一，其目标是到2050年乡村全面振兴，农业强、农村美、农民富全面实现。全面脱贫是确保全面建成小康社会的底线要求和硬任务，乡村振兴则是开启全面建设社会主义现代化国家新征程的重大战略举措。比较来看，二者在实施时间、对象和贫困瞄准上有所不同，但其目标具有一致性，都指向实现共同富裕。而从二者的实施路径看，脱贫攻坚包括产业扶贫、人才帮扶、文化扶贫、生态扶贫、党建扶贫等，乡村振兴包括乡村产业振兴、人才振兴、文化振兴、生态振兴、组织振兴等，两者具有一致性。同时，从二者实施的目的来看，实现二者有效衔接是实现其目标的应有之义。脱贫攻坚为实施乡村振兴战略奠定坚实基础，而乡村振兴是脱贫攻坚的接续战略，是对全面脱贫成果的巩固和提升。

（二）重点要抓好两个有效衔接

全面脱贫与乡村振兴的有效衔接，从主要内容看，应着重做好政策与规划的有效衔接。

一要做好政策统筹衔接，把过渡期内需要延续的倾斜支持政策明确下来，给贫困县吃下"定心丸"。在脱贫攻坚工作中，各地创新了不少脱贫攻坚的系列政策和工作机制，比如驻村扶贫、财政投入、督查考核、组织协调等。脱贫攻坚的主战场在贫困乡村地区；乡村振兴的主战场同样是在乡村，其中包括贫困地区。因此，在具体推进上，可以共享相关政策和工作协调机制。推进全面脱贫与乡村振兴的政策衔接，要总结脱贫攻坚成功经验，参照脱贫攻坚相关政策与工作机制，建立健全乡村振兴的政策与工作协调机制。加强对现有扶贫政策的梳理：第一，保留一批。对于基础设施、公共服务、人居环境整治、扶贫公益性岗位、控辍保学等政策措施，可直接纳入乡村振兴的常规性政策中。第二，延期一批。对于易地扶贫搬迁等政策，尚需要做好后续扶持工作，资金和政策支持需适当延长一段时间。第三，整合一批。对于产业扶贫、扶贫就业车间等措施，在调整升级后可纳入乡村振兴的常规性政策中；对于保障兜底、医疗扶贫等措施，在经过改造完善后应纳入统一的社会保障体系，但应防止过度保障和过度医疗问题。第四，取消一批。主要是指那些临时性或者已经完成历史使命的政策措施，如贫困户危房改造扶贫政策等。这样梳理，就是要尽量保持政策的连续性、可持续性，着力促进特惠政策向普惠政策的转变。

二要做好规划统筹衔接，把脱贫攻坚规划待完成的任务、工程、项目等纳入乡村振兴规划，继续予以资金支持，使其长久发挥作用。在推进脱贫攻坚过程中的规划立足当前、着眼长远，科学谋划了脱贫攻坚的整体蓝图，对于书写好脱贫攻坚的新篇章起到了积极促进作用。在推进乡村振兴战略落实落地过程中，国家层面制定了《乡村振兴战略规划（2018～2022年）》，有的省市也制定了相应规划。推进脱贫攻坚与乡村振兴的规划衔接，要坚持科学规划，尊重乡村建设基本规律，尚未制定或确定乡村振兴战略规划的地区要做好与现行脱贫攻坚战略规划的对接；依据村庄实际做好规划，乡村振兴专项规划与各地经济和社会发展规划的制定要把推进乡村振兴与解决乡村相对贫困问题作为重点，将帮扶工作与乡村振兴工作结合起来，形成乡村振兴整体合力。

责重山岳，时不我待。坚决夺取脱贫攻坚战全面胜利，全面小康大家一起走！让生活在这样一个伟大时代的每个人，都享有人生出彩的机会，都享有梦想成真的幸福。

4. 就业是最大的民生
——就业优先政策要全面强化

面对突如其来的新冠肺炎疫情，以习近平同志为核心的党中央统筹全局、果断决策，全党全军全国各族人民上下同心、全力以赴，我国疫情防控阻击战取得重大战略成果，统筹推进疫情防控和经济社会发展工作取得积极成效。但也要看到，受疫情影响，我国就业形势严峻。为此，党中央、国务院强调做好"六稳"工作、落实"六保"任务，并把稳就业、保就业放在第一位。李克强总理在十三届全国人大三次会议上所作的政府工作报告中39次提到"就业"一词，强调"就业优先政策要全面强化"。这充分彰显了就业是最大的民生。

一、把就业优先摆在更加突出位置

就业是经济的"晴雨表"、社会的"稳定器"，要牢牢地稳住就业大局。我国历来重视就业工作，近年来，党中央、国务院根据形势变化和发展，及时调整和完善就业政策举措，先后提出积极的就业政策、更加积极的就业政策、就业优先战略和就业优先政策,并出台一系列重要举措,促进了就业稳定。

(一) 要正确认识和分析当前面临的就业形势

截至 2019 年年底,全国城乡就业人员有 7.75 亿人,其中城镇就业人员 4.42 亿人,全国城镇调查失业率在 5.3% 以下,登记失业率 3.6%,在经济下行压力加大的情况下,就业总数不降反增,实现了比较充分的就业。这对于一个拥有 14 亿人口的发展中国家来说,是一项了不起的成就,是经济运行的一大亮点,对我国经济社会大局稳定发挥了重要作用。对于广大人民群众来说,就业就是饭碗,饭碗是天大的事,它关系到每个家庭的生计和幸福。

但从 2020 年的情况看,受新冠肺炎疫情影响,我国经济社会发展及就业工作都受到严重冲击,而随着疫情防控形势不断向好,复工复产、复商复市稳步推进,经济社会秩序加快恢复,就业出现改善势头,上半年整体就业走势前低后稳。但随着高校毕业生集中进入劳动力市场,当前就业压力依然较大,要加大政策实施力度,稳定重点群体就业。

一是从综合多项指标看,就业形势逐步改善。一季度就业开局低迷,二季度随着复工复产稳步推进,稳就业举措全面落地,劳动力市场需求升温,生产生活秩序逐步恢复,就业局势逐步回稳。1~6 月全国城镇新增就业 564 万人,完成全年目标任务的 63%。二季度,城镇调查失业率各月分别为 6.0%、5.9%、5.7%,呈逐步回落,其中 6 月失业率较 2 月的顶峰下降 0.5 个百分点。6 月全国城镇调查失业率 5.7%,二季度末全国城镇登记失业率 3.84%,市场需求一改疫情初期的急剧下滑,实现由负转正,并延续回升态势。前期因疫情影响退出的劳动力陆续返回,绝大多数已重新寻找并找到工作。6 月,城镇劳动参与率较 2 月上升 10 个百分点左右,比 1 月高约 0.6 个百分点,与 2019 年同期水平接近。6 月,城镇就业总量较 2 月增长超过 19%,就业人数已超过 1 月,且多数行业达到疫情前水平；城镇就业人员中在职未上班比重从 2 月的近 50% 降至 1% 以下，已逐步恢复到正常水平。

二是当前就业压力仍然较大，稳就业任务十分艰巨。虽然就业形势较疫情初期有所好转，但国内外环境复杂严峻，企业用工需求偏弱，失业率高位运行，总体就业压力仍然较大。6 月，城镇调查失业率同比仍高 0.6 个百分点，其中城镇外来农业人口（主要是进城农民工）失业率同比高 0.7 个百分点。在整体失业率下降背景下，16～24 岁青年失业率近几个月持续上升。同时，量大面广、吸纳就业能力强的中小微企业经营压力依然较大，因为这些行业和企业抗风险的能力弱，受市场变化影响更直接，稳岗压力明显加大，它们的经营从疫情影响中恢复还需一段时间。

三是重点群体就业难度仍需关注。疫情爆发正值春节期间，在严格管控之下，农民工等群体流动受到限制。高校普遍推迟开学，线下招聘暂停或取消，高校毕业生求职选择余地明显收窄。疫情严重地区失业人员、大龄低技能人员、就业困难人员就业问题更加突出，摩擦性失业和结构性矛盾加剧。同时，也要看到，疫情在全球蔓延扩散，对各国就业都产生了重大影响。国际劳工组织数据分析，全球 33 亿劳动者中约 68% 受到封锁和工作场所关闭政策影响，欧美等国失业率大幅上升，其中美国 4 月失业率达到 14.7%，为 1929 年大萧条以来最高值，欧盟近 6000 万个岗位受到冲击。应对疫情对就业的冲击，已成为全球性的挑战。受国际国内形势影响，我们必须直面就业面临的突出矛盾，加大政策实施力度，稳定重点群体就业。

（二）财政、货币和投资等政策要聚力支持稳就业

"聚力"聚的是资金和政策，近年来，中央和地方持续加大对稳就业的财政投入和金融支持。当前疫情防控，外防输入、内防反弹的压力仍在，对经济发展和就业影响还在持续。实现全年就业任务目标，必须进一步强化财政、金融对稳就业的支持。要继续加大财政政策支持，在

财政收支矛盾加剧情况下保持稳定的就业资金投入，统筹用好工业企业结构调整专项奖补资金、失业保险基金等。2020年赤字率拟按3.6%以上安排，比2019年高出0.8个百分点以上；财政赤字安排3.76万亿元，比2019年增加1万亿元。同时发行1万亿元抗疫特别国债。这是特殊时期的特殊举措。上述2万亿元全部转给地方，建立特殊转移支付机制，资金直达市县基层、直接惠企利民，主要用于保就业、保基本民生、保市场主体，包括支持减税降费、减租降息、扩大消费和投资，强化公共财政属性，决不允许截留挪用。失业保险基金结余4600多亿元，一部分可用于稳就业。在货币政策实施过程中，要以稳企业为着力点，切实加大对吸纳就业多的中小微企业信贷支持，为生产经营困难、稳岗难度大的企业雪中送炭，增强信贷的可获得性，对带动就业能力强的优质企业强化融资保障，巩固企业吸纳就业的主渠道，以企业稳促岗位稳，以市场主体的不断增加拓展新的就业空间。强化对企业的金融支持，金融与实体经济是一荣俱荣、一损俱损的命运共同体，当前形势下，金融机构与企业共担风险，帮助企业渡过难关。在政策目标上，应以中小微企业为重点支持对象；在具体任务上，应保障企业资金链稳定；在政策实施上，应以疏通传导渠道、完善监管配套为抓手促落实。2020年政府工作报告立足推动经济高质量发展、满足人民群众需求，统筹考虑促消费惠民生、调结构增后劲，提出了把"两新一重"建设（加强新型基础设施建设、加强新型城镇化建设、加强交通水利等重大工程建设）作为投资重点，更加突出了投资的就业导向和民生导向，对城镇老旧小区改造、现代农业基础设施建设、人居环境改善等有利于带动就业特别是农村劳动力就业的投资项目，加大支持力度。

（三）优先支持容纳就业多的中小微企业发展

我国有上亿户市场主体，是经济发展的活力源泉。特别是中小微企业、个体工商户吸纳了90%以上的城镇就业，是最大的就业"蓄水池"。优先支持中小微企业，重点是政策的倾斜。

一是加大减税降费力度。继续执行2019年出台的下调增值税税率和企业养老保险费率政策。由于这两项大规模减税降费政策是分别于2019年4月、5月开始实行的，2020年全年实施，新增减税降费约5000亿元。免征中小微企业养老、失业和工伤保险单位缴费，减免小规模纳税人增值税，免征公共交通运输、餐饮住宿、旅游娱乐、文化体育等服务增值税，减免民航发展基金、港口建设费，这些政策执行期限全部延长到2020年年底。对受疫情影响较大的交通运输、餐饮、旅游等行业企业，亏损结转年限由5年延长至8年。2020年小微企业、个体工商户所得税缴纳一律延缓到明年。延长支持疫情防控保供相关税费政策实施期限。围绕稳企业保就业新近推出一些减税降费政策，比如对符合条件的灵活就业人员缓缴社保费、对电影等行业给予税费支持等。预计全年为企业新增减负超过2.5万亿元。

二是金融支持倾斜。继续延长中小微企业贷款延期还本付息政策执行期限。在疫情发生后，对于2020年1月25日以来到期的中小微企业贷款本金及利息，最长可延长至2020年6月30日偿还，并免收罚息。鉴于当前中小微企业经营困难加剧情况，中小微企业贷款延期还本付息政策再延长到2021年3月底，其中对普惠型小微企业贷款应延尽延。银行对小微企业大幅增加信用贷款、提高首次贷款比例。大型商业银行全年普惠型小微企业贷款增速要高于40%。

三是推动降低企业生产经营成本。从推动降低企业用能、用网、房租、物流等成本等方面提出了具体措施。这两年，我国已连续出台一般工商业平均电价降低10%的政策。2020年我国又出台降电价政策，明确从2月1日至6月30日，将除高耗能行业外的大工业和一般工商业用户电价降低5%的这一政策将延长到2020年年底。最近几年，我国持续推动网络提速降费，不仅使群众普遍受惠、企业广泛受益，也有力推动了数字经济迅速发展。2020年要在近几年资费大幅度降低基础上，实现宽带和专线平均资费再降低15%。

（四）强化各级政府稳就业的责任

《中华人民共和国就业促进法》明确规定"劳动者自主择业、市场调节就业、政府促进就业"，这就意味着，各级政府负有促进劳动者就业的法定职责。履行稳就业责任，首要的就是抓好各项就业政策的落实。越是就业压力大，地方各级政府越要主动承担起稳就业的主体责任，切实加强对就业工作的领导和协调。对2020年出台的一系列稳就业政策举措，各地要根据实际情况，特别是企业用工、重点群体就业等方面的情况，有针对性地做好援企稳岗、促就业工作。疫情防控期间，河北省政府办公厅印发《关于进一步做好稳就业工作的实施意见》，把稳就业作为重中之重，坚持就业政策与经济政策联动，坚持创造岗位和稳定岗位并重，全力防范化解规模性失业风险，全力确保就业大局稳定。河北省各地各部门通过援企稳岗、网上招聘、线上服务等多种方式，全力以赴稳就业、促创业。截至5月底，河北全省城镇新增就业39.01万人，完成全年任务的45.9%。那么，在当前常态化疫情防控情况下，各级政府要密切跟踪本地区就业形势变化，加强就业监测预警，做好政策储备，支持稳就业的政策应出尽出，拓展新岗位的办法能用尽用，确保就业局势稳定。

二、加强对重点行业、重点群体就业支持

重点群体主要是高校毕业生、退役军人、农民工和下岗失业人员、低保户、零就业家庭成员等。这些群体人数规模大、就业难度高。落实保居民就业要求，必须保障好这些重点群体就业，为实现稳就业目标夯实基础。

4. 就业是最大的民生

> **高层声音**
>
> **习近平给中国石油大学（北京）克拉玛依校区毕业生的回信**
>
> 中国石油大学（北京）克拉玛依校区的毕业生们：
>
> 你们好！来信收到了，得知你们118名同学毕业后将奔赴新疆基层工作，立志同各族群众一起奋斗，努力成为可堪大用、能担重任的西部建设者，我支持你们作出的这个人生选择。
>
> 这场抗击新冠肺炎疫情的严峻斗争，让你们这届高校毕业生经受了磨练、收获了成长，也使你们切身体会到了"志不求易者成，事不避难者进"的道理。前进的道路从不会一帆风顺，实现中华民族伟大复兴的中国梦需要一代一代青年矢志奋斗。同学们生逢其时、肩负重任。希望全国广大高校毕业生志存高远、脚踏实地，不畏艰难险阻，勇担时代使命，把个人的理想追求融入党和国家事业之中，为党、为祖国、为人民多作贡献。
>
> 各级党委、政府和社会各界要切实做好高校毕业生就业工作，采取有效措施，克服新冠肺炎疫情带来的不利影响，千方百计帮助高校毕业生就业，热情支持高校毕业生在各自工作岗位上为党和人民建功立业。
>
> 习近平
>
> 2020年7月7日

（一）注重做好高校毕业生就业工作

2020年，我国共有874万的应届大学毕业生，同比增加40万人，以往的经验表明，在短时间内消化874万高校毕业生就业，即使在巨大的经济体量下，在经济高速增长时期，也不是一件容易的事情，加之2020年新冠肺炎疫情和经济下行的双重冲击，就业岗位进一步减少。可以说2020年是"最难毕业季"。习近平总书记指出："要注重高校毕业生就业工作，统筹做好毕业、招聘、考录等相关工作，让他们顺利毕业、尽早就业。"为全力做好2020届普通高校毕业生就业创业工作，教育部、人力资源和社会保障部等6部门和单位共同实施"百日冲刺"行动。从5月到8月中旬，重点组织开展十大专项行动。纵观十大行动，首要是一个"扩"字。硕士研究生、专升本、第二学士学位扩招，扩招毕业生补充中小学和幼儿园教师队伍，扩大毕业生参军入伍行动，国有企业2020年、2021年两年将连续扩大高校毕业生招聘规模……积极扩容，增加岗位，是缓解就业压力最直接的手段。"扩"不是逃避就业难题，而是具有针对性，并立足长远。硕士研究生等扩招，让有志深造的学子提高知识储备，今后有更大的施展和选择空间。百年大计，教育为本，教育大计，教师为本。招收40多万毕业生补充中小学和幼儿园教师队伍，既夯实基础教育和学前教育，又有助于缓解公立幼儿园入园难。"特岗教师"计划将增加招募规模5000人，2020年招募规模将达到10.5万人，引导和鼓励高校毕业生到中西部地区从事农村义务教育工作，是在为教育欠发达地区补充"新鲜血液"。

同时，4月23日，人力资源和社会保障部联合教育部等7部门出重拳，下发了一个关于2018、2019及2020三届学生就业的临时特别通知：《关于应对新冠肺炎疫情影响实施部分职业资格"先上岗、再考证"阶段性措施的通知》，要求在2020年12月31日前，用人单位在高校毕业生中招聘中（含中职）小学、幼儿园的教师、护士、律师、渔业船员、执业兽医、演出经纪人员、专利代理师7项职业时，不得将取得"资格"作为条件限制。而是采取"先上岗、再考证"的临时阶段性措施。

政策传真

教育部办公厅人力资源社会保障部办公厅《关于举办2020年全国高校毕业生就业网络联盟招聘周活动的通知》（教学厅函〔2020〕7号）明确，招聘活动名称及时间：

（一）2020年全国高校毕业生就业网络联盟春季联合招聘周，2020年4月23日至29日。

（二）2020年全国高校毕业生就业网络联盟夏季联合招聘周，2020年6月20日至26日。

（三）2020年全国高校毕业生就业网络联盟秋季联合招聘周，2020年9月19日至25日。

（四）2020年全国高校毕业生就业网络联盟冬季联合招聘周，2020年11月23日至29日。

（二）做好退役军人安置和就业保障

退役军人是重要的人力资源，是建设中国特色社会主义的重要力量。必须加强退役军人就业保障，让军人成为全社会尊敬的职业。对由政府安排工作的，认真落实就业安置政策，健全招聘和"阳光安置"制度，进一步畅通机关、事业单位和国有企业等安置渠道，提高人岗匹配度。不少退役军人就业的税收减免等政策，对企业招用退役军人、退役军人从事个体经营等灵活就业等，要给予增值税等税费抵扣或减免优惠，降低就业成本。对有创业意愿的，帮助解决场地、资金、技术等困难，搭建孵化器、众创空间等创业平台，鼓励更多退役军人以创业带动就业。要提高就业服务信息化水平，促进岗位资源共享和供需有效对接，提供有针对性、个性化的就业服务，适应不同退役军人就业需要。落实好社会保险接续相关政策，畅通社保接续和工作衔接，不因社保问题影响退役军人稳定就业。2020年6月18日，退役军人保障法草案首次提请十三届全国人大常委会第十九次会议审议。草案共10章77条，涵盖退役军人的移交安置、教育培训、就业创业等方面内容，旨在加强退役军人工作，维护退役军人合法权益，让军人成为全社会尊崇的职业。为提高退役军人的安置质量，草案在完善安置方式的同时加强安置保障，规定转业军官、安排工作的士兵，由机关、人民团体、事业单位和国有企业接收安置,并按照规定给予编制保障。对转业军官,明确由政府根据工作需要和其德才条件以及在军队的职务、等级等因素安排工作岗位,做好职务职级确定工作。同时,草案还规定,对有参战经历等的退役军人,予以优先安置。

(三)积极促进失业人员再就业

近年来,我国一直保持着较低的失业率,受新冠肺炎疫情影响,失业人员相应增多。如何促进失业人员尽可能多地实现再就业,保持社会稳定,是对我们国家治理的重大考验。失业人员增多的情况下,必须采取有力的帮扶举措,尽可能地压缩失业时间,帮助他们在短期内实现再就业。

一是稳岗有扶持。通过减税降费、社保费返还、金融支持等政策,支持企业稳定就业岗位。比如,截至5月底,张家口市为1420家企业发放稳岗返还补贴4921.71万元,惠及职工12.39万人。同时,还要加大从源头上减少失业。

二是求助有渠道。要畅通线上线下失业登记渠道,这是获得就业帮扶的重要渠道,目前也是世界各国普遍实行的一项制度。劳动者失业后到所在地公共就业服务机构登记失业,反映遇到的困难和就业意愿,政府就可以根据失业人员情况提供就业帮扶。自2020年3月31日起,有关部门开通了失业登记全国统一服务平台,凡劳动年龄内、有劳动能力、有就业需求、处于无业状态的城乡劳动者,均可以通过该平台办理失业登记。要发挥好该平台作用,畅通线上线下服务渠道,引导符合条件的劳动者主动办理失业登记,做到愿登尽登、应登尽登,要打通地区之间户籍和城乡障碍,提供均等化的基本公共就业服务,并简化手续、拓展渠道,有针对性地做好精准帮扶再就业服务,提升实际效果。

三是着力提升再就业能力。促进失业人员稳定就业,仅靠就业援助和公益性岗位安置,是很难全部兜住的,根本上还是要增强其就业能力,提高在就业市场上的竞争力。2020年、2021年我国将有3500万人次通过失业保险结存来进行岗位培训，这可以给他们缓冲的机会，即便失业了，也要短时期内有再就业的机会和能力。

（四）帮扶残疾人、零就业家庭等困难群体就业

由于困难人员大多年龄大、技能水平低、市场竞争力弱，受疫情影响，他们的就业问题可能更加凸显。要给予困难人员更多关爱和帮助，加大对残疾人、低保户等的就业援助力度，对就业困难突出的要因人施策，给予针对性帮扶。习近平总书记指出："人有恒业，方能有恒心。一个人有了就业，就容易安定；一个家庭有一人就业，就增加一分稳定的力量。"动态调整就业困难人员认定标准，及时将受疫情影响的人员纳入援助范围，确保零就业家庭动态清零，实现帮助一人就业，保障一个家庭的生活。用好用足就业补贴、社保补贴、创业担保贷款等激励政策，支持鼓励企业更多招用困难人员就业，拓宽就业渠道。对确实无法实现市场就业的，要因地制宜开发一批临时性公益岗位，发挥好托底安置作用。

（五）实行农民工在就业地平等享受就业服务政策

农民工始终是就业工作的重点群体。下半年经济发展与外部环境还面临一定的不确定性，农民工就业容易受经济波动影响，必须始终予以高度重视。目前全国有2.9亿农民工，数据显示，在各方面的共同努力下，当前农民工就业形势总体比较平稳，截至二季度末，农民工外出务工总量达1.7亿人。

要支持农民工就地就近就业。结合推进以县城为载体的新型城镇化、农村水利等基础设施建设、灾后恢复重建等，为农民工就业创造更多机会。加大以工代赈投入，将发放劳务报酬的资金占比由10%提高至15%以上，吸纳更多农民工就业。增加城镇建设用地要把吸纳农民工就业数量作为重要条件。围绕回归农业、项目吸纳、创新业态、扶持创业、公岗安置等"五个一批"强化农民工就地就近就业支持政策，人力资源和社会保障部有关负责人说,并通过发展乡村产业,推动项目建设,扶持返乡下乡创业等措施,创造更多就地就近就业机会。要以创业带动就业。对农民工首次创业且正常经营 6 个月以上的,可先行申领一次性创业补贴的一半资金。按照普惠金融发展专项资金管理办法对符合条件的返乡留乡农民工创业担保贷款予以贴息,及时落实税费减免、场地安排等政策。要提升创业培训,实施农村创新创业带头人培育行动,组建创业导师队伍和专家顾问团,建立专业化制度化培养机制,等等。要实现农民工创业和产业发展的双赢。要加大帮扶力度,优先保障贫困劳动力稳岗就业。对于符合条件的农民工等未参保失业人员,未纳入低保范围的,由务工地或常住地发放一次性临时救助金。

三、加强对灵活就业的支持

随着新产业新业态蓬勃发展,就业结构不断改善,零工就业、平台就业等形态多样的灵活就业越来越多。目前,零工就业已经深度融入居民服务、加工制造、教育培训等行业领域,为城镇困难人员、农民工、青年群体提供了多元的就业机会。从国际经验看,灵活就业呈扩大趋势,发达国家仅自由职业者占比已达 20% ~30%。国家统计局披露,3 月个体工商户和灵活就业人数均增长 20% 左右。7 月 22 日召开的国务院常务会议指出,2020 年就业形势严峻,灵活就业规模大、空间大,是稳就业的重要途径。要压实地方特别是市和区县政府责任,通过深化"放管服"改革,取消对灵活就业的不合理限制,引导劳动者合理有序经营。因此,我们必须加快补齐灵活就业的政策短板,以包容呵护之心支持发展,充分发挥灵活就业的"劳动力海绵"作用。

政策传真

国家发展改革委、中央网信办、工业和信息化部等十三部门印发《关于支持新业态新模式健康发展激活消费市场带动扩大就业的意见》（发改高技〔2020〕1157号）明确提出，支持15种新业态新模式发展，包括在线教育、互联网医疗、线上办公、数字化治理、产业平台化发展、传统企业数字化转型、"虚拟"产业园和产业集群、"无人经济"、培育新个体经济支持自主就业、发展微经济鼓励"副业创新"、探索多点执业、共享生活、共享生产、生产资料共享及数据要素流通。

根据《意见》，在线上服务方面，重点是健全完善与线上服务新业态新模式相适应的制度规则，打造线上线下有机融合的新业态，激活消费新市场。在推进产业数字化转型方面，重点是提升数字化转型公共服务能力和平台"赋能"水平，降低转型门槛，壮大实体经济新动能。在鼓励发展新个体经济方面，重点是完善保障制度，适应基于互联网平台的新型就业形态和模式发展，完善自主就业、灵活就业、"副业创新"、多点执业政策，激发市场主体创新创业内生动力。在培育发展共享经济新业态方面，重点是发展多种消费形态，探索深化所有权和使用权分离改革，以物质生产资料数字化支撑共享共用；促进数据要素流通，拓展生产资料供给，创造生产要素供给新方式。

（一）大力扶持新业态就业创业

2020年两会期间，习近平总书记特别强调了新就业，他在5月23日全国政协经济界联组会上说："对新就业形态要顺势而为，补齐短板。"新就业能带来的就业规模有多大？李克强总理说，现在新业态蓬勃发展，大概有1亿人就业。我们的零工经济也有2亿人就业。2019年我们平均每天净增企业超过 1 万户，2020 年也要按这个目标去努力。

疫情防控期间，从线上课堂到虚拟会议，从智能制造到无接触餐厅，当传统行业插上信息化的羽翼、当发展列车驶入数字化的轨道时，被抑制的消费需求释放出来，创造经济增长有了更多的可能性。历史经验和现实都表明，危机中孕新机，变局中开新局。对消费者来说，新业态意味着别具一格的新体验；对企业而言，新模式打开了一片广阔的海洋。直播带货悄然走红，不仅给消费者带去实惠和便利，而且盘活了万亿级农村消费市场；在线教育迎来风口，在校师生增添了正常教学的渠道，优质教育资源也得以向更大范围辐射；文旅活动融合发展，既能在线下满足游客的多元化需求，也可以通过线上"云游"极大拓展获客空间。更便利的智能交互应用，更广泛的新型消费场景，更优化的商业服务模式，让培育经济新增长点、形成发展新动能成为可能。可以说，新业态新模式的茁壮成长，既是疫情防控常态化下的应对之举，也是促进传统产业转型升级、实现经济高质量发展的主动作为。

人社部《2020 年第一季度全国招聘求职 100 个短缺职业排行》显示，营销员和快递员最为短缺，部分平台企业疫情期间新从业人员明显增多。2020 年以来，人社部分批发布全媒体运营师、人工智能训练师等新职业，不少都是在新业态新模式发展中形成的，且扩大就业空间很大，仅智能制造领域人才缺口就达 300 万人。要积极支持平台就业，根据国家信息中心发布的《中国共享经济发展报告（2020）》，截至 2019 年年底，依托互联网平台提供服务的人数约 7800 万，连续多年保持增长。对平台就业人员普遍反映的平台就业门槛高、就业服务针对性不强等问题，要采取多方面支持措施。平台就业人员购置生产经营必需工具的，可申请创业担保贷款及贴息。对希望搭乘互联网就业快车的普通劳动者，引导平台企业放宽入住条件、降低管理服务费。加强从业人员权益保障，引导平台企业与平台就业人员就劳动报酬、工作时间、劳动保护等建立制度化、常态化沟通协调机制。对疫情期间兴起的"共享用工"模式，支持地方探索建立"企业共享员工信息服务平台"，加强供需对接。探索运用区块链技术完善多元价值传递和贡献分配体系。实施新业态成长计划，建立微经济等新业态成长型企业名录，及时跟踪推动解决企业的政策堵点。

"共享用工"解读

"共享用工"是新冠肺炎疫情期间出现在生鲜配送行业和餐饮行业的一场跨界合作。2020年春节，西贝餐饮由于年夜饭订单比较多留了大量员工，准备春节期间大干一场。没有想到新冠肺炎疫情突然爆发，餐厅无法营业，导致两万多名员工待业，可是门店的租金、员工的工资这些成本还要支付，所以企业陷入了经营困难。而盒马鲜生原本以为春节期间市民都到餐馆聚餐，对生鲜食品需求不多，所以就让大量的员工返乡过年了。新冠肺炎疫情发生后生鲜配送订单翻了番地增长，急需大量食拣员、打包员、骑手，这样就出现了用工荒。于是，盒马鲜生向北京市的云海肴、青年餐厅等隔空喊话，邀请他们的员工到盒马鲜生上班，"共享用工"这个词横空出世。据了解，盒马鲜生接纳了来自西贝餐饮、温莎KTV、大众出行等40多家企业4000多名员工的共享用工。这实际上是市场推动了人力资源的一个新配置。随后，京东、每日优鲜、物美等企业也发起了"共享用工"的计划。可以说"共享用工"是新冠肺炎疫情期间企业互济催生的一个新生事物，实现人力资源的优化配置与利用。

（二）大力优化城镇灵活就业的管理措施

对城镇小店小铺、早市夜市、流动商贩等"微型就业"，应坚持放开搞活，给予足够宽容和呵护。近年来，一些地方在城市管理中，对流动商贩和小店铺等微型就业采取了较为严格的管理措施，有的地方在城市创建中"一刀切"地清理了许多小市场、商业街等，导致一些群众特别是困难群众就业受到较大影响，也给居民生活带来诸多不便。劳动者就业有保障、群众生活便利，才能为城市之美增添更多亮色。2020年，国务院办公厅和中央文明办先后发文，明确支持带动就业能力强的"小店经济"、步行街发展；不将占道经营、马路市场、流动商贩列为2020年文明城市测评考核内容。对没有固定经营场所的流动商贩，应划定经营区域和时间，对占道摊点、临街商铺给予一定的灵活度，对一些早市夜市、自由市场等集中区域，要合理利用城市空间为他们辟出经营场所，同时加强引导规范。当然，各地情况不同，要因地制宜，不要"一刀切"，要依法加强市场监管，引导商户守法诚信经营，保障商品和服务质量，提升消费者体验，推动灵活就业健康成长。

（三）实行低收入灵活就业人员社保费自愿缓缴政策

这是对灵活就业人员即获得保障又减轻负担的重要举措。按照现行政策，无雇工的个体工商户、在用人单位就业的非全日制从业人员、其他灵活就业人员等，可以以个人身份参加城镇企业职工基本养老保险。灵活就业人员参保按20%的比例缴费，缴费基数可在当地全口径平均工资60%~300%自主选择，具有较大的灵活性。对不少低收入人群而言，社保缴费负担虽然有点偏重，特别是在当前就业困难、收入下滑情况下缴费压力较大。某种角度上说，以自愿暂缓缴养老保险费的政策来支持灵活就业，是保民生、保就业的应有之义。这在为灵活就业人员减压纾困，推动经济领域的新模式、新业态发展的同时，此举还有利于让更多灵活就业人员积极参保，扩大社保覆盖面，因为相关政策安排充分体现出灵活性。其一，2020年是否暂缓缴养老保险，由灵活就业人员自己决定；其二，2021年可继续缴费，缴费年限累计计算——这消除了缓缴人员的顾虑；其三，对2020年未缴费月度，可于2021年年底前进行补缴，缴费基数在2021年当地个人缴费基数上下限范围内自主选择。这三点安排均给灵活就业人员提供了较大的自主选择空间，为他们的困境做出了特殊的安排和照顾。同时，对灵活就业困难人员，认真落实已出台的社保补贴政策，对2020年以个人身份新参保的灵活就业人员，符合条需对接。探索运用区块链技术完善多元价值传递和贡献分配体系。实施新业态成长计划,建立微经济等新业态成长型企业名录,及时跟踪推动解决企业的政策堵点。

> **"共享用工"解读**
>
> "共享用工"是新冠肺炎疫情期间出现在生鲜配送行业和餐饮行业的一场跨界合作。2020年春节,西贝餐饮由于年夜饭订单比较多留了大量员工,准备春节期间大干一场。没有想到新冠肺炎疫情突然爆发,餐厅无法营业,导致两万多名员工待业,可是门店的租金、员工的工资这些成本还要支付,所以企业陷入了经营困难。而盒马鲜生原本以为春节期间市民都到餐馆聚餐,对生鲜食品需求不多,所以就让大量的员工返乡过年了。新冠肺炎疫情发生后生鲜配送订单翻了番地增长,急需大量食拣员、打包员、骑手,这样就出现了用工荒。于是,盒马鲜生向北京市的云海肴、青年餐厅等隔空喊话,邀请他们的员工到盒马鲜生上班,"共享用工"这个词横空出世。据了解,盒马鲜生接纳了来自西贝餐饮、温莎KTV、大众出行等40多家企业4000多名员工的共享用工。这实际上是市场推动了人力资源的一个新配置。随后,京东、每日优鲜、物美等企业也发起了"共享用工"的计划。可以说"共享用工"是新冠肺炎疫情期间企业互济催生的一个新生事物,实现人力资源的优化配置与利用。

(二) 大力优化城镇灵活就业的管理措施

对城镇小店小铺、早市夜市、流动商贩等"微型就业",应坚持放开搞活,给予足够宽容和呵护。近年来,一些地方在城市管理中,对流动商贩和小店铺等微型就业采取了较为严格的管理措施,有的地方在城市创建中"一刀切"地清理了许多小市场、商业街等,导致一些群众特别是困难群众就业受到较大影响,也给居民生活带来诸多不便。劳动者就业有保障、群众生活便利，才能为城市之美增添更多亮色。2020 年，国务院办公厅和中央文明办先后发文，明确支持带动就业能力强的"小店经济"、步行街发展；不将占道经营、马路市场、流动商贩列为 2020 年文明城市测评考核内容。对没有固定经营场所的流动商贩，应划定经营区域和时间，对占道摊点、临街商铺给予一定的灵活度，对一些早市夜市、自由市场等集中区域，要合理利用城市空间为他们辟出经营场所，同时加强引导规范。当然，各地情况不同，要因地制宜，不要"一刀切"，要依法加强市场监管，引导商户守法诚信经营，保障商品和服务质量，提升消费者体验，推动灵活就业健康成长。

（三）实行低收入灵活就业人员社保费自愿缓缴政策

这是对灵活就业人员即获得保障又减轻负担的重要举措。按照现行政策，无雇工的个体工商户、在用人单位就业的非全日制从业人员、其他灵活就业人员等，可以以个人身份参加城镇企业职工基本养老保险。灵活就业人员参保按 20% 的比例缴费，缴费基数可在当地全口径平均工资 60%～300% 自主选择，具有较大的灵活性。对不少低收入人群而言，社保缴费负担虽然有点偏重，特别是在当前就业困难、收入下滑情况下缴费压力较大。某种角度上说，以自愿暂缓缴养老保险费的政策来支持灵活就业，是保民生、保就业的应有之义。这在为灵活就业人员减压纾困，推动经济领域的新模式、新业态发展的同时，此举还有利于让更多灵活就业人员积极参保，扩大社保覆盖面，因为相关政策安排充分体现出灵活性。其一，2020 年是否暂缓缴养老保险，由灵活就业人员自己决定；其二，2021 年可继续缴费，缴费年限累计计算——这消除了缓缴人员的顾虑；其三，对 2020 年未缴费月度，可于 2021 年年底前进行补缴，缴费基数在 2021 年当地个人缴费基数上下限范围内自主选择。这三点安排均给灵活就业人员提供了较大的自主选择空间，为他们的困境做出了特殊的安排和照顾。同时，对灵活就业困难人员，认真落实已出台的社保补贴政策，对 2020 年以个人身份新参保的灵活就业人员，符合条件的也要及时纳入补贴范围，减轻参保灵活就业人员的缴费负担。

可以预见的是，随着众多新模式、新业态的兴起，灵活就业涉及的面将更广，就业形式将更多样，情况也可能更加复杂。当国家和地方不断为灵活就业打开空间，提供更多政策助力，灵活就业的前景无疑会更加广阔，灵活就业人员选择的空间就越大，新的就业形态也越有希望赢得蓬勃发展，相关产业才能行稳致远，并释放出更大的活力。

5 留得青山　赢得未来
——坚定不移地支持民营经济发展

民营经济是社会主义市场经济的重要组成部分，也是稳定就业和推进技术创新的重要主体、国家税收的重要来源、经济持续健康发展的重要力量、企业家成长的重要平台。当前，在国内外经济形势错综复杂、经济下行压力较大的背景下，我们要牢牢坚持"两个毫不动摇"和"三个没有变"的基本方针，推动民营经济在实现全面建成小康社会和"两个一百年"奋斗目标的历史征程中发挥重要作用。

一、发展民营经济的重大意义

改革开放以来，我国民营经济从小到大、从弱到强，不断发展壮大。民营经济已经成为推动经济社会发展不可或缺的力量，成为创业就业的主要领域、技术创新的重要主体、国家税收的重要来源，为我国社会主义市场经济发展、国际市场开拓作出了重要贡献。当前，我国社会主要矛盾已经转化为人民日益增长的美好生活需要和不平衡不充分的发展之间的矛盾。我国已经成为世界第二大经济体，入围世界500强的企业数量居于第一位，进一步参与全球经济建设，责任重大。因此，推动民营经济高质量发展，具有更为重要的意义。

（一）民营经济是经济高质量发展的重要支柱

民营经济在我国经济社会发展中的重要性无可争议，我国民营经济具有"五六七八九"的特征，即贡献了50%以上的税收，60%以上的国内生产总值，70%以上的技术创新成果，80%以上的城镇劳动就业，90%以上的企业数量。民营企业的重要性不仅体现在数量上、责任上和贡献上，更在于各行各业涌现出一批敢闯敢干、做强做优的高质量发展的民营大企业。它们在规模上不断跨越，效益上也不断攀登。中国企业联合会发布的2019中国企业500强榜单显示，民营企业有235家，仅比国有企业少30家。而在2010年，这一差距是150家。在大企业这个群体中，民营企业的数量接近半壁江山。

高质量发展要求中国经济从过去倚重要素投入驱动增长，转向创新驱动增长。创新驱动发展是高质量发展的必然路径，这也是被国际社会充分验证的常识。从国企与民企的创新机制看，国有企业创新更多地依赖举国体制的投入推动，而民企的创新则主要是市场内生机制使然。我国在高铁、特高压输电、核能、航天、量子通信等产业和基础设施领域，技术的创新和突破是全球共睹，这些产业领域都是国家主导和国企运作，是政府举国之力的投入结果。这样的产业领域其投入和产出，无法用成本和收益分析衡量，更多考虑的是举国投入体制对整个社会经济产生的支持和带动作用。与国企形成鲜明对比的是，民企市场化的内生增长机制非常突出，在就业贡献、税收收入贡献、创新研发专利申请等方面，远远超过了国企，展现出巨大的活力。

在40年改革开放中成长起来的民营经济，已经是推动经济发展的中流砥柱。没有今天民营经济的规模和强大，就难以实现经济的高质量增长，党的十九大也就不可能清晰有力摹画新时代中国高质量发展的蓝图。在新时代改革开放新征程中,民营经济不仅不会离场,还要走向更加广阔的舞台。可以肯定,民营企业不会缺席中国高质量发展。

(二) 民营经济是改善民生的重要抓手

改革开放以来民营经济与国有经济相比,其在就业和财政税收上的贡献幅度不断上升,直接支持了民众的收入增加、社会保障水平的提升,是民众获得感和幸福感的重要内容。

民营企业在产业上不断深耕,在食品生产、服装制造、商业零售、房地产开发和互联网服务等领域表现出强大的发展能力。中国企业500强中,民营企业在这些领域具有绝对的优势,特别是在服装制造、互联网服务等行业中,民营企业的入围数量占比达到了100%。这些行业涉及衣食住行,民营企业的大发展丰富了人们消费的品类,提高了产品和服务的质量。在大街小巷,民营资本积极参与的餐饮服务、教育服务、医疗服务,以及更重要的互联网对各行业广泛渗透而兴起的本地生活服务,都极大地缓解了长期存在的"生活性服务业有效供给不足"这一难题。

除此之外,很多民营企业也在积极履行社会责任,在教育、扶贫和医疗建设等方面大有作为。中国慈善榜上,正涌现出越来越多的民营企业和民营企业家,位次与金额也在不断刷新纪录。

(三) 民营经济是乡村振兴的重要支撑

十九大提出乡村振兴战略,要坚持农业农村优先发展,按照产业兴旺、生态宜居、乡风文明、治理有效、生活富裕的总要求,建立健全城乡融合发展体制机制和政策体系,加快推进农业农村现代化。显然,产业兴旺是乡村振兴的经济之本。产业兴旺不是仅靠政府财政资金上项目或农村集体加油干,以及国有企业对口支援,就可以实现的。产业兴旺的根本说到底还是市场的问题,说到寻找市场,民营经济和民间资本自然有着先天的优势。此外,乡村振兴需要庞大资金的投入开发,单靠财政资金的逐层逐级支持,是不可持续的,也不可能实现乡村振兴大业。事实上,财政作为公共资金投入,应该主要起到撬动社会民间资本的作用。充分发挥政府和市场两个方面作用和积极性,引进民资参与开发,通过争取财政资金,村民和村集体以土地、劳动入股,再引进民间资本,共同投入乡村振兴,长效解决乡村振兴的资金投入问题。

(四)民营经济是走向世界的重要力量

在世界500强的舞台上,我国民营企业已由2010年的1家增加到2019年的28家。在全球化发展布局中,民营企业也在积极进取。2019年中国100大跨国公司中,民营企业有25家,其中既有腾讯这样的互联网领军企业,也有吉利汽车、TCL家电这样的优秀制造企业,还有青山、海亮这样的在工业材料领域走出去的供应商。这些几十年如一日聚焦实业、做精主业的传统制造业民营企业,以及不断创新投入,坚持科技和服务并重的新兴服务业民营企业,正在为中国经济走向更广阔世界舞台注入源源不断的强大动能。

二、民营经济发展的机遇与挑战

民营经济面临前所未有的新环境。国际上,世界经济仍将长期处于结构调整期,贸易保护主义有所强化,金融市场动荡不稳,全球贸易持续低迷等不确定不稳定因素增多。在国内,我国经济发展进入以速度变化、结构优化、动力转换为主要特征的新常态,资源环境约束日益趋紧,消费向个性化、多样化、多层次的方向转变,人口老龄化加快,"互联网+X"业态不断丰富,经济运行中结构性矛盾凸显,供求关系新的动态均衡正在形成。在此背景下,中国民营经济发展面临一系列机遇与挑战。

(一) 民营经济发展面临的机遇

1. 政策机遇。2018年11月1日中国民营企业座谈会之后，各地各部门陆续出台了一系列发展民营经济的举措，带来了一大波政策红利。在税收政策上，有了明确导向的财税政策，要进一步促进民营企业减税降负，进而增加获利空间，促进研发和技术升级。在社保缴费上，要降低社保缴费名义费率，一定程度上减轻了企业负担。在企业融资方面，着力解决民营企业融资难、融资贵问题。先从改革和完善金融机构监管考核和内部激励机制开始，再扩大金融市场准入，拓宽民营企业融资途径。从政策环境来看，支持民营企业发展的法律、政策日臻完善，营造公平的竞争环境，将大大提高民营企业的积极性。面对这些好政策、好制度，民营企业要及时把握机遇，紧跟时代潮流，准备迎接大挑战，跃升一个大台阶。

2. 改革机遇。民营经济在国民经济中的地位越来越高，民营企业发展的政策环境、市场环境、法制环境及社会环境不断优化，借势改革开放的伟大成就和"一带一路"倡议，民营经济处在了全面深化改革的历史新局面，只要民营企业能够苦练内功，努力转型升级，提高核心竞争力，就能把握改革机遇壮大发展。

3. 新型城镇化机遇。目前，我国的城镇化建设正处于加速发展期。按照国际经验，达到70%以上才能转入平稳增长期，而我国城镇化水平距此还有一定距离，这意味着未来的新型城镇化建设蕴藏着巨大的经济发展潜力和机遇。据测算，城镇化率每提高1个百分点，就能拉动消费增长约1.8个百分点，拉动投资增长约3.7个百分点，新型城镇化不仅能创造巨大的消费市场和投资空间，还能通过提高非农产业的劳动参与率为民营企业提供稳定的劳动力供给。推进新型城镇化为社会资本提供了难得的投资机会，国家政策也不断放开，支持民营资本进入更多领域。

(二) 民营经济发展面临的困难和障碍

2020年新春伊始，"新冠"疫情爆发，对经济造成的冲击成为民营经济短期发展面临的最大挑战，所以需要采取一系列为民企纾困的政策，但是同时也不能忽视阻碍民营经济长期发展的老问题，在解决好短期困境的时候也要注重长期机制的构建。

1. 新冠肺炎疫情给民营经济带来的短期冲击

疫情影响下，一些行业受到严重冲击，诸如公共交通运输、餐饮住宿、旅游娱乐、文化体育等行业企业业务萎缩严重，很多企业不得不停产歇业，甚至有的企业面临破产倒闭，作为民营经济构成主体的中小微企业更是首当其冲。疫情之下，中小微企业倒闭潮袭来，天眼查发布的《2020年第一季度全国企业大数据》显示，2020年一季度，我国有46万家企业注销或吊销。后疫情时代，中小微企业也逐渐开启重生之路。然而，由于受到现金流压力大、需求端不确定性大、价值链风险多等因素的影响，中小微企业的"破茧重生"并不容易。

中国政法大学市场监管法治高端研究基地、中国政法大学法治经济研究院、中国政法大学法治科学计量与评价中心联合进行的一项关于新冠肺炎疫情下小微企业生存状况调研报告显示，在211家被调研企业中，有16.1%的企业在疫情对企业经营资金方面的影响问题中选择"影响严重，导致企业经营面临困难，可能倒闭"，60.7%的小微企业面临无法及时偿还贷款等债务问题，51.7%的小微企业面临金融机构提供融资的审核条件提高，手续增多或时间延长问题。

此外，由于国外疫情蔓延，外贸企业面临经营困境。2月，国内疫情严峻，多数外贸公司业务暂停，3月外贸企业陆续开始复工的时候海外疫情开始爆发，让刚刚恢复产能的外贸行业再度受到冲击，部分国外进口商以不可抗力条款为由取消订单，对外贸企业影响很大。出口转内销是一条出路，但是又会面临销售渠道、生产线转向、品牌建设等难题。我国小微外贸企业数量众多，面对海外因素冲击抗风险能力较差，受新冠肺炎疫情影响巨大。

2. 民营经济长期发展面临的问题和调整

一是市场的"冰山"。当前，各种有形无形的准入障碍，依然是民营企业发展的重要掣肘因素。民营企业投资障碍仍然繁多，一些民营企业面临"弹簧门""玻璃门""旋转门"的阻碍。比如，当前民企进入电力、军工等领域的业绩经历和资质许可要求偏高，民资申请办学、办医要求教师、医生人数也有互为前置之嫌，药品、医疗器械招标也对民企存在一定歧视。

二是转型的"火山"。市场前景看淡、生产经营要素成本高、转型升级乏力是导致民营企业发展面临困境的主要因素。其中，转型乏力是内因。那些受到市场竞争冲击大、难以获得融资的企业，往往是固守成规、缺乏创新、转型升级不成功的企业。部分作为创新主体的民营企业，面临创新能力不足而"不会创新""不能创新"、创新人才匮乏而"无法创新""不敢创新"的困境，陷入了低端竞争陷阱。跨越"转型的火山"成为纾解当前民营企业发展困局的关键所在。

三是融资的"高山"。民营企业中有庞大的小微企业群体，这部分企业融资难、融资贵问题最为突出。小微企业自身有着鲜明的特点：一是经营风险高。小微企业资产规模小，进入门槛低，因此往往面临激烈的市场竞争，而且除了少数高科技创业型企业之外，大多缺乏研发投入与创新能力，抗市场波动的能力较差。二是缺少抵押物。小微企业大多属于劳动密集型，拥有的动产和不动产都非常有限，难以满足融资时的抵押要求。三是信息不透明。小微企业一般管理不规范、内部规章制度不健全，财务状况缺乏透明度。以上三大原因造成了民营企业融资高。

三、多措并举应对新冠肺炎疫情冲击

从新冠肺炎得到控制之后，我国就大力推进复工复产工作，同时针对新冠肺炎疫情影响陆续出台了一揽子稳经济惠民企的政策，为民营经济发展注入信心和动力。

（一）推进减税降费

减税降费是做好"六稳"工作、落实"六保"任务的重大措施，是特殊时期减轻企业负担、对冲新冠肺炎疫情冲击的必然选择。我国在减税降费方面阶段性政策与制度性安排相结合，放水养鱼，助力市场主体纾困发展。

1. 减免困难行业企业税费。针对疫情对企业经营带来的冲击，国家迅速出台了有针对性的减税降费政策。企业所得税方面，自2020年1月1日起，对受疫情影响较大的交通运输、餐饮、住宿、旅游等行业企业，亏损结转年限由5年延长至8年；增值税方面，对纳税人提供公共交通运输、生活服务，以及为居民提供必需生活物资快递收派服务取得的收入免征增值税。同时，阶段性减免部分行政事业性收费和政府性基金，降低企业非税负担。

2. 减免企业缴纳的社保费。除湖北外各省份，从2月到6月对中小微企业免征养老、失业、工商三项费用，从2月到4月对大型企业减半征收；湖北省从2月到6月对各类参保企业实行免征。政策发布以后，各省份自2月开始顶格实施。为进一步帮助企业特别是中小微企业减负解压，中小微企业免征三项社保费政策执行期限延长到2020年年底，大型企业减半征收社保费政策执行期限为2020年6月底。

3. 减免小规模纳税人增值税。这几年，我国始终将减轻小规模纳税人税负作为减税降费的重点工作之一。自2018年5月1日起，将工业、商业小规模纳税人的年销售额标准由50万元、80万元统一上调至500万元；自2019年1月1日起，将小规模纳税人起征点从月销售额3万元提高至10万元。疫情发生后，为减轻小微企业和个体工商户的负担，自2020年3月1日至5月31日，湖北省小规模纳税人免征增值税，其他省份小规模纳税人征收率由3%下降到1%。为稳定市场预期，减免小规模纳税人增值税政策执行期限延长到2020年年底。

4. 小微企业和个体工商户所得税延缓到 2021 年缴纳。为减轻小微企业和个体工商户现金流压力，允许他们将 2020 年应缴纳的企业所得税和个人所得税延迟到 2021 年缴纳。其中，按月缴纳的，自 2020 年 5 月起暂缓缴纳；按季缴纳的，自 2020 年第二季度起暂缓缴纳。

（二）降低企业生产经营成本

要顶住疫情对我国经济运行的严重冲击，必须帮助企业克服困难，并激发企业活力和潜力。政府工作报告指出，要推动降低企业生产经营成本。用电、用网和房租等费用是企业成本的重要组成部分，也是降成本过程中企业呼声较高的。政府工作报告对降电价、降用网成本、减房租等提出了明确要求。

1. 将降低工商业电价 5% 政策延长到 2020 年年底。为支持企业复工复产，2 月出台了政策，规定 2020 年 2 月 1 日至 6 月 30 日，将除高耗能行业外的工商业用户电价降低 5%；实施支持性两部制电价政策，重点减免两部制电力用户容（需）量电费负担，对新建扩建医疗场所免收高可靠性供电费。政策出台以来，电网企业采取有力措施，严格落实降成本要求，惠及企业超过 5000 万户，预计减少企业电费支出近 600 亿元。

2. 实施减免房租政策。房租在小微企业和个体工商户经营成本中所占的比重较高，通常占经营成本的 10% 以上。政府工作报告提出，减免国有房产租金，鼓励各类业主减免或缓收房租，并予政策支持。疫情发生以来，有关部门和地区也相继出台了减免国有企事业单位出租房屋租金的政策措施。

3. 降低宽带和专线平均资费。近年来，网络提速降费红利持续释放，带动电子商务、移动支付、网络视频等相关产业迅猛增长，疫情期间网上零售额、移动支付等逆势向上，保持较快增长势头。为应对疫情冲击，将制造业宽带和专线资费降低 15%，该政策可以更好促进制造业转型升级，服务实体经济发展。

（三）强化对稳企业的金融支持

2020 年的政府工作报告强调要强化对稳企业的金融支持，并提出了一系列金融支持稳企业、保市场主体的新举措，主要包括延长中小微企业贷款延期还本付息政策，大幅增加小微企业信用贷首贷和无还本续贷，大幅增加制造业中长期贷款，大幅拓展政府性融资担保覆盖面并明显降低费率，以及支持企业扩大债券融资，改革创业板并试点注册制等。

1. 延长中小微企业贷款延期还本付息政策。2 月 25 日，国务院常务会议确定加大对中小微企业复工复产的金融支持，鼓励金融机构根据企业申请，对符合条件、流动性暂时遇到困难的中小微企业包括个体工商户贷款本金，给予临时性延期偿还安排，付息可延期到 6 月 30 日。为进一步强化对稳企业保就业的金融支持，5 月 6 日，国务院常务会议决定，对保持就业岗位基本稳定的企业尤其是中小微企业，适当延长延期还本付息政策，最长可延至 2021 年 3 月底。

2. 大幅增加小微企业信用贷、首贷、无还本续贷。政府工作报告不仅提出要大幅增加小微企业信用贷，还首次提出要大幅增加小微企业首贷、无还本续贷。首先，要积极发放信用贷、提高信用贷款比例。为支持中小银行发放小微企业信用贷款，中国人民银行将通过"购买中小银行新发放普惠小微信用贷款"，支持承诺保持就业岗位基本稳定的企业获得信用贷款小微企业缺乏抵押担保的痛点，提高小微企业信用贷款占比。其次，要大力开发首次贷款客户、提高小微企业首贷率。再次，要全面推行无还本续贷业务，避免"先还款再延期""先还款再续贷"等做法。大型银行普惠型小微企业贷款增速要高于 40%（2019 年要求大型银行小微企业贷款增速要在 30% 以上）。

3. 大幅增加制造业中长期贷款投放。近年来，制造业贷款持续下降，一方面，制造业贷款比重快速下降。从 2011 年的 20% 开始连续下滑到了 2020 年 3 月底的 11.4%。与房地产贷款比重上升形成了鲜明的

"跷跷板效应"。另一方面，制造业贷款结构和期限不合理，主要是一年期的短期贷款，且绝大部分是担保或质押贷款，信用贷款极少。2019年政府工作报告首次提出要鼓励增加制造业中长期贷款，2020年则明确提出要加大制造业中长期贷款投放。大型银行2020年制造业贷款余额增速要不低于5%，年末制造业中长期贷款占比要比年初提高1个百分点，信用贷款余额增速不低于3%。

4. 大幅拓展政府性融资担保覆盖面并明显降低费率。提高小微企业贷款可获得性，融资担保不可或缺。2020年的政府工作报告首次涉及政府性融资担保并提出了明确的要求。各级政府性融资担保机构要坚持准公共定位，聚焦支小支农主业，逐步将支小支农业务占比提高到80%以上、担保倍数提高到10倍以上、担保费率降低到1%以下，逐步取消盈利考核要求，鼓励取消反担保等要求。

5. 加快落实创业担保贷款增量扩面。创业担保贷款也是首次进入政府工作报告，体现了政府对创新创业的高度重视。要抓紧扩大创业担保贷款支持范围，延长创业担保贷款贴息期限，加大财政贴息力度。将受疫情影响严重的小微企业及相关创业者如个体户、出租车、网约车司机等纳入支持范围。允许创业担保贷款展期。做好创业担保贷款与扶贫小额贷款政策的衔接，研究将已脱贫人员新增信贷需求，纳入创业担保贷款支持范围。力争2020年创业担保贷款新发放1800亿元。

6. 扩大政策性金融信贷规模。为了应对疫情冲击，先后调增了政策性银行信贷计划和专项信贷额度。增加了3500亿元民营小微企业专项信贷额度。调增政策性银行全年信贷计划6000亿元，支持政策性银行按照保本微利原则，为企业提供较低利率信贷支持。

7. 支持企业扩大债券融资。企业债券时隔几年再次进入政府工作报告，并将配套出台新的支持政策。2020年以来，为了使企业发债不受疫情影响，人民银行建立了债券发行"绿色通道"，延长债券额度有效期，合理调整信息披露时间限制，支持线上办理相关业务。

8. 改革创业板并试点注册制，拓展企业上市融资渠道。2019年政府工作报告中提出要设立科创板并试点注册制。2020年则提出要改革创业板并试点注册制。在总结科创板及注册制试点经验的基础上，推进创业板发行、上市、信息披露、交易、退市等基础制度改革。

（四）降低民营企业综合融资成本

近两年，金融系统综合运用多种货币政策工具，推动贷款市场报价利率（LPR）形成机制改革，完善利率传导机制，清理不合理收费和违规转嫁成本行为，引导金融机构适当让利，提升金融服务质效，促进小微企业综合融资成本持续下降。2019年普惠型小微企业贷款利率较上年下降了近0.7个百分点。2020年疫情发生以来，金融系统加大了货币政策逆周期调节力度，引导贷款利率下行。前4个月，通过下调中期借贷便利（MLF）利率，引导贷款市场报价利率（LPR）下行0.3个百分点。4月末，18家全国性商业银行新发放的普惠型小微企业贷款利率4.94%，在2019年基础上下降了0.5个百分点。此外，为对冲疫情对实体企业的影响，金融系统持续加大资金投放力度，三次降准释放低成本长期资金1.75万亿元，设立3000亿元低成本专项再贷款资金支持抗疫保供，增加再贷款再贴现专用额度1.5万亿元，市场流动性得到明显改善，有效促进了市场利率下行。

四、完善促进民营经济发展的长效机制

一系列短期阶段性政策的出台有利于缓解疫情对民营经济的冲击，但若是要促进民营经济长期良性发展，还必须要有一个完善的促进民营经济发展的长效机制，推动民营经济既有量的发展，更有质的提升。

（一）全面降低准入门槛，溶解市场准入"冰山"

消除民间投资准入显性和隐性门槛。打破阻碍民间投资的"隐形门""弹簧门"和"旋转门"，建立市场准入负面清单制度，建立企业

投资项目管理负面清单、权力清单、责任清单"三个清单"管理制度，清理和修订制约民间投资的政策措施，废除各种不合理规定，取消对民间资本单独设置的附加条件和歧视性条款。各地、各部门起草、制定涉及民间投资的规范性文件，要充分反映民营企业的合理诉求，培育和维护权利平等、机会平等、规划平等的投资环境。

扩大民间资本投资途径。加快推进市场化改革，依法放开项目的建设、运营市场，为民间资本进入创造条件。落实国家、省相关的政策措施，根据不同领域项目的特点，积极探索通过产业基金、股权转换、特许经营、政府购买服务、投资补助等多种途径，鼓励和引导民间资本以独资、合资、合作、联营、租赁等方式参与新型城镇化、新型工业化、农业现代化建设和服务业、社会事业等领域的建设和运营。通过合理配置资源，整合投资项目组合打包，鼓励、引导民间投资多元化发展。

（二）深化金融体制改革，削减民企融资"高山"

拓宽民营企业直接融资渠道。鼓励和支持民营企业进行股份制改革，并充分利用主板（含中小板）、创业板等资本市场上市融资。组织和推动符合条件的民营企业发行中小企业集合债券、集合票据和集合信托等产品，努力为民营企业拓宽中长期融资渠道。发挥创业投资引导基金的作用，吸引民间资本共同发起设立创业投资企业，引导基金对创业投资企业选定的创业早期项目或需要政府重点扶持和鼓励产业领域项目进行跟进投资。支持民间资本出资设立中小型银行、金融租赁公司、融资租赁公司等金融机构。

完善民营企业融资服务体系。积极发挥财政资金的引导作用，创新财政专项资金运用方式，以国有投资公司投资参股等形式，重点引导商业性融资担保机构服务于民营企业。积极开展科技投融资服务模式创新，鼓励商业银行、担保公司、创业投资公司、科技金融服务公司开展"投贷联动""投贷保联动""保贷联动"等服务创新，提高民营企业融资服务的能力。

加大对小微企业信贷投放力度。落实差别化信贷政策,对经营状况良好、符合条件的小微企业给予续贷支持;对诚信经营、发展前景好、产品适销对路、财务管理规范,但因资金周转困难导致按时还贷有困难的小微企业,落实好"不断贷、不抽贷、不压贷"的要求。鼓励政策性、开发性金融机构在业务范围内对符合条件的小微企业提供信贷支持。发挥商业银行、财务公司、金融租赁公司等金融机构优势,改进授信管理,优化服务流程,为小微企业提供多样化的金融服务和融资支持。建立信贷风险补偿机制,支持金融及相关中介机构创新中小企业融资产品和服务。

(三) 推动民企转型升级,跨越转型"火山"

加快自主创新和自身转型升级。引导现有企业加大科技创新投入,建立天使投资引导基金、创业投资引导基金和风险投资引导基金体系,引导企业依法自主联合设立投资基金,支持企业转型升级、技术改造、科技成果转化等。通过融资租赁、技改贴息贷款、订单组织等手段,支持企业更新设备,推进企业制造装备数字化、网络化、智能化,加快产业升级。支持民营企业开发和掌握具有自主知识产权的核心技术,通过购买、特许经营、补偿贸易等方式获得知识产权,参与重点领域技术(研发)中心、工程(技术)研究中心及重点实验室、产业技术创新战略联盟、产业孵化器等创新服务平台建设。鼓励民营企业实施品牌发展战略,加快技术改造和新产品开发。

促进民营企业科技成果转化。整合科技资源,搭建公共服务平台,完善科技成果登记制度,鼓励和引导民营企业合理运用专利、商标、版权、技术秘密等知识产权制度保护企业原始创新、集成创新和消化吸收再创新成果,维护企业合法权益。发展知识产权交易,促进技术成果资本化、市场化,设立政府引导、市场参与的科技成果转化基金和科技成果转化风险补偿资金,吸引民间资本投资科技成果转化项目。鼓励民营企业创办从事科技信息服务、技术评估、技术经纪、专利商标交易等活动的中介服务机构，支持民营企业开展技术服务和知识产权中介活动。鼓励民间资本投资民营科技企业孵化器和孵化园区建设，促进科技企业孵化器多元化、专业化发展。

实施民营企业品牌发展战略。引导民营企业以市场为中心，根据市场需求调整企业产品结构，应用新技术、新工艺、新设备、新材料开发适销对路的新产品，实现产品更新换代。开发新产品发生的研究开发费用可按规定享受加计扣除优惠政策。鼓励民营企业争创名牌产品，提高产品质量和服务水平。增强外向型民营企业的品牌意识和观念，加大对自创国内、国际品牌支持和产权保护力度。

（四）优化民营企业营商环境，提高监管效率

推进"放管服"纵深改革。紧紧围绕支持服务"六稳""六保"，深入推进"放管服"改革，持续深入优化营商环境，帮助企业纾解实际困难。

构建"亲""清"新型政商关系。进一步完善相关制度，细化量化工作举措，推动构建"亲""清"新型政商关系落到实处。明确政商交往的"正面清单"和"负面清单"，规范党政干部与非公有制企业的交往行为，严守政商交往底线，着力破解"亲"而不"清"、"清"而不"亲"等问题，构建"亲商""爱商""安商""护商"的政务环境。

提高政府诚信履约能力。各级政府向民营企业作出政策承诺要严格依法依规，并严格兑现合法合规的政策承诺，不得违法违规承诺优惠条件。要不断规范招商引资行为，认真履行依法作出的政策承诺和与民营企业签订的合法合规合同或协议，不得以政府换届、相关责任人更替等理由拒不执行，不得随意改变约定，出现"新官不理旧账"等情况。因国家利益、公共利益或其他法定事由需要改变政府承诺和合同约定的，要严格依照法定权限和程序进行，并对相关企业和投资人的财产损失依法予以补偿。

6 手中有粮　心中不慌
——巩固农业基础地位　筑牢粮食安全防线

民以食为天。抓好农业生产、确保粮食等重要农产品有效供给，是扎实做好"六稳"工作、全面落实"六保"任务的重要内容，也是稳定物价保障群众基本生活的关键。习近平总书记在 5 月 23 日看望参加全国政协十三届三次会议的经济界委员并参加联组会时特别强调，我国农业连年丰收，粮食储备充裕，完全有能力保障粮食和重要农产品供给。李克强总理在十三届全国人大三次会议上所作的政府工作报告中明确指出："14 亿中国人的饭碗，我们有能力也务必牢牢端在自己手中。"我们要认真学习领会，抓好贯彻落实，毫不放松抓好农业生产，夯实粮食和重要农产品稳产保供基础。

一、守好米袋子，抓好粮食生产工作

手中有粮，心中不慌。稳定粮食生产、保障国家粮食安全，是实现经济发展、社会稳定、国家安全的重要基础，任何时候都不能放松。对

我们这样一个拥有 14 亿人口的国家，只能主要靠自己保障"手中有粮"，不能依靠进口。近年来，我国粮食连年丰收、主要粮食品种库存充足。同时也要看到，当前我国粮食生产的基础并不稳固，加上新冠肺炎疫情给国际粮食贸易造成诸多不利影响，况且全球每年粮食贸易总量只有 7000 亿斤左右，仅相当于我国年消费量的一半，即使全买来也仅够吃半年，而且不是想买就能买到、想运就能运来的。所以，主要依靠国内粮食生产解决吃饭问题、决不能买饭吃这个立足点必须始终坚持。唯有如此，才能始终把中国人的饭碗牢牢端在自己手上，才能确保饭碗里主要装中国粮。

抓好粮食生产，要着力稳定播种面积。21 世纪以来我国粮食连续十几年增产，其中播种面积增加是主要支撑。2003~2016 年，全国粮食播种面积从 14.9 亿亩增加到 17.9 亿亩，累计增加了 3 亿亩，增幅超过 1/5。从 2017 年开始，我国粮食播种面积逐年下降，到 2019 年已累计减少近 5000 万亩，虽然每年降幅都不大，但持续下降的势头十分明显。为遏制粮食播种面积继续下降势头、切实降低疫情对春耕生产的不利影响，国务院提前召开全国春季农业生产工作会议进行动员部署，2020 年政府工作报告中提出了提高复种指数、提高稻谷最低收购价、增加产粮大县奖励等一系列重大举措。其中，提高复种指数，重点是引导农民改进耕作方式，鼓励和支持南方适宜地区恢复双季稻生产、黄淮海地区积极发展间种套作，进一步挖掘耕地高效利用潜力。提高稻谷最低收购价，指的是 2020 年早籼稻、中晚籼稻最低收购价格比 2019 年有所提高，这是 2015 年以来首次上调稻谷最低收购价。增加产粮大县奖励，是 2020 年加大产粮大县奖励资金投入，目的是通过调动地方特别是县级政府重农抓粮的积极性，为发展粮食生产营造良好的条件。在政策支持和多方努力下，2020 年春播粮食面积实现了稳中有增，特别是此前连续 7 年下降的早稻种植面积增加了 470 多万亩。在此基础上，稳定粮食播种面积要重点做好四个方面的工作：一是强化约束激励机制。约束机制方面，要将粮食播种面积作为约束性指标，对各地方政府落实情况严加考核，强化地方政府重农抓粮的责任意识。激励机制方面，对产粮大县加大奖励力度，在农产品加工用地指标方面进行优先安排，支持产粮大县开展高标准农田建设新增耕地指标跨省预调剂使用，多措并举调动地方政府抓好抓实粮食生产的主动性和积极性。二是保持农民种粮基本收益稳定。农民种粮有稳定收益才会有种粮积极性，才能保证稳定的粮食播种面积。要加大对提高稻谷最低收购价、完善小麦最低收购价等政策的落实，推动农业保险发展，推进三大主要粮食作物完全成本保险和收入保险试点。三是加强服务保障。大力推广统防统治、代耕代种、土地托管等服务模式，做好化肥、种子、农药等农业生产资料的生产和调运工作，及时破解农民在生产中遇到的各种难题，努力实现应播尽播。四是提高耕地复种指数。引导农民改进耕作方式，比如在南方适宜地区恢复双季稻生产、在黄淮海地区积极发展间种套作等，不断挖掘耕地高效利用的潜力，最大程度调动农业生产效率。

> **名词解释**
>
> **复种指数**
>
> 复种指数，是指一定时期内（一般为一年）在同一地块耕地面积上种植农作物的平均次数，数值上等于年内耕地上农作物总播种面积与耕地面积之比。我国人口多、耕地少，因地制宜提高复种指数，是扩大作物种植面积、挖掘耕地利用潜力和提高农作物总产量的有效途径。

抓好粮食生产，要扎实做好重大病虫害防治和气象灾害防范。2020年我国气象年景总体偏差，局部地区暴雨多发频发，区域性、阶段性出现旱涝灾害并存、旱涝交替、旱涝急转情况。此外，在气候暖湿特征明显及总体气温偏高、降雨偏多的条件下，农作物病虫害极易发生发展，如果防控不及时、不到位，就会对全年粮食生产造成严重影响。据有关专家预测，2020年我国农作物重大病虫害总体呈偏重发生态势、程度重于 2019 年。特别是草地贪夜蛾已在南方定殖，虫源基数大、危害时间早、北迁距离短，大面积爆发概率明显增大。必须坚持立足抗灾夺丰收，按照政府工作报告部署要求，大力防治重大病虫害，加强气象灾害防范应对，进一步完善预案、备足物资，保障工作力量，加强监测预警，及时有效应对处置，确保病虫害不大面积爆发成灾，确保气象灾害得到有效防范。重点做好四件事：一是做好防控预案工作。根据实际情况分区域、分作物、分灾害对防控方案进行修改完善，要确保防控物资充足，能够满足防控需求。二是做好监测预警工作。健全作物病虫疫情监测预警网络，突出智能化、可视化、数字化，加快重大病虫疫情田间监测网点、信息化处理系统以及调度指挥平台建设，提高监测预警能力。三是做防控组织工作。在病虫害防控关键季节和气象灾害防范关键时期，要突出抓好联防联控和统防统治组织工作，加强对突发重发区域的应急防治，确保病虫害不大面积爆发成灾，确保气象灾害得到有效防范。四是做好指导监督工作。结合病虫害等重要农业灾害发生趋势，及时组织相关专家进行技术指导和培训，同时完善监督制度，扎实推动各项防控措施落地生效。

名词解释

草地贪夜蛾

草地贪夜蛾是联合国粮农组织全球预警的跨国界迁飞性农业重大害虫，原产于美洲热带和亚热带地区。它具有适生区域广迁飞扩散快、繁殖能力强、暴食危害重和防控难度大的特点，主要危害玉米、甘蔗、高粱等作物，已在 100 多个国家发生。2019 年草地贪夜蛾首次入侵我国，发生区域主要在西南华南，见虫面积 1600 万亩。经过全力防控，危害区域控制在云南、广西等局部地区，实际危害面积 240 多万亩，虫害地区产量损失控制在 5% 以内。

抓好粮食生产，要调整优化农业种植结构。加强农业种植结构优化调整是增加粮食有效供给、提高粮食安全保障水平的重要举措，也是落实高质量发展要求的必然选择。优化粮食种植结构就是要推动农业供给侧改革，确保优质供给加上去，低端供给减下来；"绿色有机"加上去，农药化肥减下来。一方面要继续调减无效供给。根据市场需求变化，适当调减东北地区寒地低产区粳稻面积以及长江流域双季稻产区籼稻面积。另一方面要增加绿色优质产品供给。积极发展优质稻、强筋弱筋小麦、优质食用大豆、薯类和杂粮杂豆等绿色优质产品供给，提高优质专用粮食比重。此外，要因地制宜扩大油料生产，深入推进大豆振兴计划，大力推广玉米、大豆轮作和间套复种，充分利用长江流域冬闲田增加油菜种植，在黄淮海主产区推广一年两熟"小麦花生"种植模式，在北方农牧交错区发展"玉米—花生"轮作等模式，加快低产低效油茶林改造，鼓励利用闲散耕地、丘陵、河滩、荒地、沙地等发展特色油料，多途径增加油料供给。

抓好粮食生产，要进一步强化粮食安全省长责任制。粮食安全省长责任制是保障国家粮食安全的一项重要制度安排，有利于调动起中央和地方"两个积极性"，形成中央和地方共同负责的粮食安全保障格局，也有利于切实落实总体国家安全观和国家粮食安全战略。2014年国务院建立健全粮食安全省长责任制，2015年建立了国务院对省级人民政府落实粮食安全省长责任制的考核机制。按照国务院部署，自2016年以来，国家发展改革委、农业农村部、国家粮食和物资储备局等部门和单位组成考核工作组，圆满完成了3个年度的考核任务。2020年4月，发改委等11部门又就落实粮食安全省长责任制联合下发通知，确定了增强粮食综合生产能力、保持粮食播种面积和产量基本稳定、加强粮食储备安全管理、做好粮食市场和流通的文章、加强粮食应急保障能力建设5方面重点任务。下一步的关键是要把相应责任和措施层层落到实处，真正体现到田间地头。

抓好粮食生产，要深化农业对外开放合作。我国农业发展已经深度融入国际市场，是全球第一大农产品进口国、第二大农产品贸易国。不论国际农产品生产供应形势如何变化，实现农业稳定发展、保障粮食和重要农产品有效供给，必须要有战略思维和全球眼光，统筹用好国际国内两个市场、两种资源。为此，要加快推进农业全方位对外开放合作，紧紧围绕实施乡村振兴战略，特别是重要农产品保障战略，深入推进"一带一路"农业经贸和科技合作，进一步健全多双边及区域合作机制，为推进农业全方位对外开放营造有利软环境。

> **政策传真**
>
> **河北省稳定粮食生产的 9 项措施**
>
> 1. 严格落实粮食安全责任制。强化各级政府确保粮食安全的主体责任，根据全省粮食生产目标指标，修订 2020 年对各市粮食安全责任制考核粮食面积、产量评分标准，强化对稳定粮食生产的硬约束。
>
> 2. 深化扶持政策落地见效。创新工作方法，简化工作程序，及时兑现促进粮食生产发展的扶持政策，充分发挥耕地地力保护补贴、农机具购置补贴、种粮大县奖励、制种大县奖励等扶持政策的导向作用。
>
> 3. 全力稳定粮食播种面积。引导农民发展间作套种，充分利用闲散耕地、林下可利用耕地等，扩大粮食作物种植面积，切实做到应播尽播。
>
> 4. 重点加强高标准农田建设。以粮食生产功能区和重要农产品生产保护区为重点区域，以土地平整、土壤改良、灌溉排水和节水设施、田间机耕道、农田防护与生态环境保持、农田输配电等工程建设为重点内容，建设高标准农田。继续实施耕地质量保护与提升行动。

5. 积极发展优质专用产品。在确保粮食产能稳定的基础上，积极发展优质专用等高端粮食产品。

6. 着力推进适度规模经营。以粮食加工龙头企业为主体，建设粮食产业化联合体，聚合农业经营主体，促进产加销有机融合，延长产业链，提升种粮效益。鼓励和扶持粮食种植大户、家庭农场、农民合作社、农业龙头企业等新型经营主体，大力推行品种、肥水管理、病虫防控、技术指导、机械作业"五统一"，实现良田、良种、良法、良机配套，降低生产成本，提高产品品质。

7. 努力提升科技水平。加快粮食作物品种更新步伐，培育推广一批稳产优质、附加值高、适宜机械作业及肥水高效利用的粮食作物新品种。集成推广精量播种、高效节水、精准施肥、变量施药、绿色简化高效栽培等粮食生产技术，提高粮食生产科技水平，提高生产效率。

8. 积极推进绿色发展。大力发展节水农业。推广测土配方施肥，化肥使用量继续保持负增长。培育全程绿色防控示范基地，探索集成应用一批绿色防控技术模式。

9. 切实做好防灾减灾工作。各地植保和技术推广部门将严密跟踪发生动态，加强监测预警，及时发布预警信息，及早做好物资和技术准备，大力开展统防统治、群防群治、联防联控。积极推进小麦、玉米全成本保险和收入保险试点，扩大农业大灾保险试点，提高防范自然风险能力。

摘选自河北省农业农村厅印发《2020 年全省稳定粮食生产工作方案》

二、丰富"菜篮子"，做好保供稳价工作

"菜篮子"是百姓基本生活的必要基础。猪肉、果蔬等"菜篮子"

产品供应关系基本民生，关系物价稳定。中国人饭碗里主要装中国粮，也包括猪肉等重要副食品。抓好农业生产，需要把"菜篮子"产品摆在重要位置，切实按照"菜篮子"市长负责制要求，加快恢复生猪生产，做好其他畜禽水产和蔬菜水果等产品供应保障，努力让老百姓的"菜篮子"货足价稳。

做好"菜篮子"保障工作，要保障生猪生产和市场供应稳定。猪肉作为我国城乡居民最主要的动物蛋白质来源，在肉类消费总量中占到60%以上。受多种因素影响，2019年生猪生产大幅下滑，猪肉产量4255万吨、降幅为21.3%。各地区各有关部门采取一系列措施，大力促进生猪生产恢复，已取得初步成效。但从总体上看，当前生猪产能恢复的基础还不稳固，猪肉市场供应偏紧的状况还没有根本改观，通过国际市场调剂供应缺口的不确定性还在增大，猪肉保供稳价仍面临较大压力。因此，抓好农业生产，必须将生猪稳产保供摆在重要位置，采取综合性措施加快恢复生猪生产。一要坚定不移恢复生猪产能。必须坚持恢复生猪生产既定目标任务不动摇，继续按照"抓大不放小""以大带小"的推进路径，加快恢复生猪产能。二要加快落实扶持生猪生产政策措施。围绕解决生猪生产面临的突出问题，我国出台了一系列扶持政策措施，这些政策措施都符合养殖场户实际需求，支持力度也很大，能不能收到预期成效，关键在于抓好落实。要把扶持政策的落实作为恢复生猪生产的重要抓手，加快推动各项政策措施落地见效。三要加强非洲猪瘟等动物疫病防控。现在，非洲猪瘟疫情虽然已经得到有效控制，但仍未完全根除，同时蓝耳病、禽流感、口蹄疫等疫病也有发生和扩散的可能。恢复生猪生产、发展畜禽水产养殖，必须毫不放松地加强非洲猪瘟等动物疫病防控，加快构建起符合国情农情、管用适用的动物疫病防控体系。

政策名词解释

"抓大不放小"和"以大带小"

"抓大",就是要牢牢扭住规模养殖场这个恢复生猪产能的"牛鼻子",推动支持政策进一步向规模养殖场聚焦,在资金、用地、环保等方面提供全方位支持,引领带动生猪存栏和能繁母猪存栏加快恢复。"不放小",就是要在抓好规模养殖场产能恢复的同时,积极加强对中小散养户的服务保障,支持他们解决购买仔猪和饲料资金不足、防疫能力弱等困难,促进生猪产能全面恢复。"以大带小",就是要积极支持引导大型养猪企业采取"公司+农户"、入股加盟、托管租赁等方式,带动中小养殖场户发展,既推动生猪产能恢复,也带动农民特别是贫困群众增收脱贫。

做好"菜篮子"保障工作,要统筹抓好其他"菜篮子"产品生产。一要促进畜禽水产养殖全面发展。畜禽水产品既是城乡居民重要的消费品,又对猪肉有一定消费替代作用,还有助于优化居民消费特别是肉类消费结构。2019年畜禽水产品的增长尤其是禽肉的快速增长,为做好猪肉稳产保供发挥了重要作用。2020年年初,受疫情影响,畜禽水产养殖受到较大冲击,现在虽然总体上已经恢复正常,但仍然不能掉以轻心,必须切实解决好面临的困难和问题,促进畜禽水产养殖全面发展。二要大力发展家禽业和草食畜牧业。加快推进奶业振兴行动,强化奶源基地建设,改造提升中小牧场,增加青贮玉米、苜蓿等优质饲草料供给。要着力发展水产绿色健康养殖,防止盲目划定禁限养区,推进渔港建设管理改革。三要增加菜篮子品类供给。蔬菜水果等对丰富居民餐桌具有重要作用,要抓好技术指导服务,推进标准化生产和质量安全监管,加强市场信息监测,促进产销衔接,为消费者提供更多品类、更安全优质的产品。

做好"菜篮子"保障工作,要加强制度建设。切实做好"菜篮子"

产品保供稳价工作，保障好"菜篮子"生活必需品供应，就要充分发挥市场在资源配置中的决定性作用，同时更好发挥政府作用，特别是要强化省负总责和"菜篮子"市长负责制的落实，保障"菜篮子"产品生产平稳、流通有序、产销衔接顺畅。要加大"菜篮子"基地建设力度，提高标准化规模化和设施化生产水平，确保重要"菜篮子"产品具有应对不时之需的基本自给率。要完善"菜篮子"产品物流体系，积极构建稳定可靠的"菜篮子"产销协作关系，提高流通效率、降低流通成本。要改善"菜篮子"产品市场调控，加强市场监测和分析预警，完善重要"菜篮子"产品储备制度和应急保供预案，发挥好城市批发市场、零售网点、社区菜市场等各类市场主体"蓄水池"调节作用。要加强"菜篮子"产品质量安全和市场监管，严厉打击制售假冒伪劣产品和扰乱市场等违法违规行为，维护"菜篮子"产品正常生产流通秩序。

三、固基础补短板，提升农业稳产保供能力

近年来，我国在耕地面积持续减少、农业用水总量不断下降、自然灾害多发频发的情况下实现了连年稳产增产、主要农产品市场供应充裕，主要原因在于农业物质技术支撑和保障水平有了明显提升。新冠肺炎疫情的爆发给国际农产品生产供应带来巨大不确定性，加之我国发展遇到的诸多风险挑战，我们更要坚持不懈地夯实农业物质技术支撑，强化支持保障，打牢农业稳产保供的基础，补实农业稳产保供的短板。

提升农业稳产保供能力，要加大耕地保护和建设力度。耕地是农业生产的根基，是保障粮食和重要农产品有效供给的根本保证。做好农业稳产保供，必须首先把耕地保护和建设好。党中央、国务院历来高度重视耕地保护。但在实践中，乱打耕地主意的现象仍然屡禁不止。据自然资源部通报，2019年耕地保护督察中发现违法违规占用耕地114.3万亩，违法违规审批建设占用耕地9.5万亩，补充耕地数量不实涉及近17万亩。对违法违规占用耕地乱象，亟须完善土地执法监管体制机制，加

强对耕地数量、质量、生态三位一体保护,牢牢守住耕地红线。一要切实管好用好粮食生产功能区和重要农产品生产保护区,严厉打击和惩处滥征乱占耕地等违法违规行为,坚决制止和纠正耕地非农化等乱象。要不断改善耕地质量,启动东北黑土地保护性耕作行动计划,稳步推进深松整地作业和耕地轮作休耕试点,整县推广秸秆覆盖还田、免(少)耕播种等保护性耕作技术。二要加强耕地突出生态环境问题治理,深入实施华北地区地下水超采区综合治理行动,在重金属轻中度污染耕地推广安全利用技术、重度污染耕地实施种植结构调整,继续推进化肥、农药减量增效行动。三要加强高标准农田建设。建设高标准农田是提高耕地质量的重要抓手。在管护好已有高标准农田基础上,应紧紧围绕巩固提高粮食产能这个核心目标,以粮食生产功能区和重要农产品生产保护区为重点,加大投入力度,加快建设进度。要严把建设标准,完善工程建设、验收、监督检查机制,确保高标准农田数量真实、质量可靠。要强化组织实施,修编全国高标准农田建设规划,明确目标任务和建设布局,确定重大工程、重点项目和时序安排,扎实有序开展建设。要加强精准管理,建设农田管理大数据平台,加快推进统一上图入库,持续开展耕地质量监测评价,建立健全高标准农田设施管护机制。四要落实对永久基本农田的特殊保护。永久基本农田是最优质、最精华、生产能力最高的耕地。要从严管控非农建设占用永久基本农田情况,任何单位和个人不得擅自占用或擅自改变用途,严禁未经审批违法违规占用。永久基本农田农地农用需要始终坚持,禁止进行建房、挖沙、取土等破坏永久基本农田的活动,禁止占用永久基本农田植树造林,坚决防止永久基本农田"非农化"。要严查处严惩戒违法占用耕地特别是永久基本农田行为,并健全"早发现、早制止、零容忍"态度坚决遏制新增违法,各单位和个人都应对耕地红线保持敬畏之心,避免违法违规侵占耕地。

提升农业稳产保供能力,要加强农田水利建设。农田水利建设是逐步改善农业生产条件、保证农业稳步发展的重要措施。经过连续多年的建设,现在全国农业有效灌溉面积已经超过一半,但农田水利建设滞后的问题仍然突出，水的问题仍是制约我国农业和农村经济社会发展主要因素，农田水利建设滞后仍然是影响农业稳定发展和国家粮食安全的最大硬伤。目前，全国有灌溉条件的耕地仅占49%，节水灌溉面积仅占灌溉面积的42%，且普遍存在标准低、配套差、老化失修严重等问题。推进农业现代化、建设社会主义新农村对农田水利发展提出了更高的要求，全球气候变化加剧、各种自然灾害对农业生产的影响加大。必须按照统筹城乡发展的要求，突出加强农田水利这一最薄弱环节建设提高农业抗御水旱灾害的能力。一要以高标准农田为主战场，强化规划布局，完善投入机制和建设标准，确保按时保质完成建设任务。二要加快推进水利工程建设，实现大中小微水利工程设施衔接配套。加强大中型灌区续建配套与现代化改造，强化灌区标准化规范化管理，因地制宜推进东北节水增粮、西北节水增效、华北节水压采、南方节水减排等区域规模化高效节水灌溉，提高农田灌溉效率和保证率。同时大力开展小型农田水利工程建设，因地制宜加强集雨水窖、小提灌、小塘坝等小微型抗旱水源工程建设，加快田间水利工程建设和配套改造，着力解决农田水利设施建设的"最后一公里"问题。三要全面加强水资源保护涵养，坚决控制地下水超采，大力发展高效节水灌溉，优化水资源配置，多措并举补充超采区地下水，增强水资源可持续供给能力。四要加快病险水库除险加固、中小河流和山洪灾害治理，抓紧补上防洪安全的短板。

提升农业稳产保供能力，要加快现代农业设施建设。面对水土资源约束趋紧、农村劳动力持续转移等挑战，农业稳产保供对农业生产设施现代化的要求越来越高。与发达国家相比，我国农业设施装备水平还有一定差距。为此，要把加强现代农业设施建设作为一项战略性任务来抓，加大现代农业设施建设投入力度，在农业产加销各环节补上设施装备短板，为提升农业稳产保供水平提供坚实的生产设施支撑。一方面，在生产环节，要打破农业机械推广运用瓶颈，促进全程全面机械化。目前，南方丘陵山区运用农机还存在困难，甘蔗、油菜等作物的种植收获环节适宜机械还不多，畜牧业生产的机械化水平也不高，都是农业机械化的薄弱环节。应推进丘陵山区农田宜机化改造，加快建设机耕道，支持农机具场库棚建设，促进大中型、智能化、复合型等适用农业机械研发应用，加快饲喂、环境控制、产品收集、粪污处理利用等设施建设，提高农业生产的机械化水平。另一方面，在产后环节，要补上保鲜仓储等设施装备短板，提高流通效率。加大对新型农业经营主体农产品仓储保鲜冷链设施建设的支持，这是现代农业重大牵引性工程和促进产业消费"双升级"的重要内容，也是顺应农业产业发展新趋势、适应城乡居民消费需求、促进小农户和现代农业发展有机衔接的重大举措。要紧紧围绕保供给、减损耗、降成本、强产业、惠民生，聚焦鲜活农产品产地"最初一公里"，以鲜活农产品主产区、特色农产品优势区和贫困地区为重点，坚持"农有、农用、农享"的原则，依托家庭农场、农民合作社开展农产品仓储保鲜冷链设施建设，进一步降低农产品损耗和物流成本，推动农产品提质增效和农业绿色发展，促进农民增收和乡村振兴，持续巩固脱贫攻坚成果，更好地满足城乡居民对高质量农产品的消费需求。此外，还要加强信息设施建设。以促进"互联网"与农业深度融合为主要着力点，整合资源建设农业农村大数据平台，建设重要农产品全产业链大数据和数字农业创新中心，深入推进信息进村入户，实施"互联网+"农产品出村进城工程，加快提升现代信息技术在农业领域应用的支撑能力。

提升农业稳产保供能力，要强化农业科技支撑。在高质量发展阶段推进农业稳产保供，必须强化创新驱动，持续推进农业科技进步。一要提升农业科技创新水平。培育符合现代农业发展要求的创新主体，建立健全各类创新主体协调互动和创新要素高效配置的国家农业科技创新体系。强化农业基础研究，实现前瞻性基础研究和原创性重大成果突破。加强种业创新、现代食品、农机装备、农业污染防治、农村环境整治等方面的科研工作，加强农业关键核心技术攻关。二要打造农业科技创新平台基地。加快建设农业领域国家重点实验室等科技创新平台基地，培育农业科技创新型企业，支持符合条件的企业牵头实施技术创新项目，力争在生物种业、重型农机、智慧农业、绿色投入品等重点领域尽快取得突破。三要加快农业科技成果转化应用。鼓励高校、科研院所建立一批专业化的技术转移机构和面向企业的技术服务网络，通过研发合作、技术转让、技术许可、作价投资等多种形式，实现科技成果市场价值。加强现代农业产业技术体系建设，面向农业全产业链配置科技资源，深入实施科技特派员制度，发展一批专业化、规模化的农业科技服务主体，打造一批科技引领示范县、示范村镇，促进重大引领性技术和主推技术推广。四要加快农业农村人才队伍建设，实施农村实用人才带头人和高素质农民培育计划，突出产业导向开展分层分类培训，构建高素质农民教育培训体系，畅通各类人才下乡渠道，完善农业农村人才发现、培养、评价、激励机制，培养更多知农爱农、扎根乡村的人才。

提升农业稳产保供能力，要创新农业经营方式。改变农业生产经营的传统形态，提升农业生产效益和从业者的收益水平，培育农业农村发展新动能，是推动传统农业向现代农业转型发展的重要途径。一要培育壮大一批新型农业经营主体。全力推动专业大户、家庭农场、农民合作社、公司＋基地＋农户等新型农业经营主体大发展大提升，加快构建新型农业经营体系。二要大力开展农业产业化经营。把发展多种形式农业适度规模经营与延伸农业产业链有机结合起来，立足资源优势，鼓励农民通过合作与联合的方式发展规模种养业、农产品加工业和农村服务业，开展农民以土地经营权入股农民合作社、农业产业化龙头企业试点，让农民分享产业链增值收益。三要处理好农村不同主体之间的经济利益关系。要巩固和完善农村基本经营制度，坚持家庭经营基础性地位，同时丰富发展双层经营体制新的内涵，突出抓好家庭农场和农民合作社两类新型农业经营主体，启动家庭农场培育计划，开展农民合作社规范提升行动，深入推进示范合作社建设，建立健全支持家庭农场、农民合作社发展的政策体系和管理制度。

提升农业稳产保供能力，要完善农业支持保障措施。农业是基础产业，存在很大的自然风险和市场风险，还要承担保障国家粮食安全等诸多社会公共功能，加强支持保障是做好农业稳产保供的内在要求，也是国际通行的做法。一要加大支持保障力度。坚持农业农村优先发展，针对近几年农业比较效益持续下滑的实际情况，加大支持保障力度，改进支持保障方式。推动建立"三农"财政投入稳定增长机制，提高土地出让收入用于粮食生产的投入比例，地方政府债券资金安排一定比例用于支持农业生产引导形成多方投入格局。二要健全农村金融服务体系。拓宽资金筹措渠道，发挥全国农业信贷担保体系作用，设置与农业生产周期相匹配的贷款期限，推动制定温室大棚、殖圈舍、土地经营权等抵押融资的具体办法。做好农业大灾保险试点、优势特色农产品保险奖补试点，着力打通金融服务"三农"的各种堵点。三要完善农业补贴政策。继续按照增加总量、优化存量、提高效能的原则，调整改进"黄箱"政策，扩大"绿箱"政策使用范围，加快构建新型农业补贴政策体系。

 把满足国内需求作为发展的出发点和落脚点
——把握扩大内需这个战略基点

2020年政府工作报告提出,完成全年经济社会发展目标,要坚定实施扩大内需战略。扩大内需是实现"六稳""六保"的根本举措。只有扩大内需,才能够把我们潜在的发展潜能激活。我们通过改革把这些增长的潜力激发出来,就能够保持经济的持续、健康、高质量的发展,才可能实现"六稳""六保"。因此,随着我国国民经济和社会发展进入新的阶段以及外部环境的变化,我国经济发展下一步需要紧紧围绕扩大内需这一战略基点展开。

一、扩大内需战略的重要性和内在要求

(一)扩大内需战略的重要意义

扩大内需战略体现了社会主义生产目的的根本要求。内需包括国内

的消费需求和投资需求。消费需求体现了人民对物质文化和美好生活的需要，投资需求孕育着未来经济发展的后劲和潜力。40多年的改革开放实践证明，内需是中国经济的基本盘。近年来，我国进一步积极扩大国内需求，增强经济增长内生动力，取得了良好成效。特别是2008年国际金融危机以来，最终消费支出和资本形成总额对我国GDP的贡献率持续保持在高位。2019年，内需对我国经济增长的贡献率达到89%，其中最终消费支出对经济增长的贡献率达到57.8%，内需特别是消费已经成为我国经济增长的第一拉动力。从根本上讲，我国是社会主义国家，经济建设始终要依靠人民、造福人民，社会生产的根本目的就是为了满足人民需要。以公有制为主体、多种所有制经济共同发展，按劳分配为主体、多种分配方式并存，社会主义市场经济体制等社会主义基本经济制度，为我国保持和扩大内需提供了坚实的制度基础。扩大内需是发展中国特色社会主义经济的题中之义，体现了以人民为中心的发展思想，体现了社会主义基本经济制度的巨大优势。

扩大内需战略是中国经济稳定发展的强力支撑。中国是一个发展中大国，是世界第二大经济体。中国经济是一片大海，而不是一个小池塘。人口数量是决定内需规模大小的首要因素。中国人口比美国、西欧、日本、加拿大等发达经济体的人口总和多一倍，占全球人口比重达18%。14亿人口使我国每年的粮食消耗量和蔬菜消费量均超过7亿吨，全年完成的营业性客运量高达176亿人次。14亿人口还形成了对医疗卫生服务和教育等公共产品的巨大需求，我国仅处于义务教育阶段的在校生就达1.5亿人，比日本的总人口还多，还有1.7亿65周岁及以上人口日益增长的公共服务需求。正是因为我们这样一个拥有14亿人口的大国内需宽广深厚并且得到了及时释放，我国经济才能保持快速增长。庞大的人口基数、宽广的国土空间、稳居世界第二的经济体量、相对完整的国民经济体系、区域经济发展的梯度格局等，赋予中国以超大规模市场优势。扩大国内需求，既为中国经济稳定发展提供了巨大潜力和强力支撑，也为应对国际不确定性因素提供了巨大回旋余地。

扩大内需战略是推进经济高质量发展的必由之路。中国特色社会主义进入新时代，坚定实施扩大内需战略，既是满足人民美好生活需要的必然要求，也是推进经济高质量发展的主动选择。我国经济增长一度依赖"大进大出、两头在外"（原料进口、产品出口，国内提供的是产能）的出口拉动。在经济启动阶段，这种外向型经济可以成为发展的"近道"，但也存在明显的短板和缺陷，比如基础技术发展滞后、容易受外部市场环境影响、抵御风险能力不强等，根本问题在于庞大的国内产能与国内需求不相匹配，不仅在总量上内需相对不足，而且在结构上存在各种失衡，有的行业和产业产能严重过剩，而一些有大量购买力支撑的消费需求却在国内得不到有效供给，消费者将大把钞票花费在出境购物、"海淘"购物，导致大量"需求外溢"。实施扩大内需战略，不是要人为地制造内需，而是顺应我国经济发展阶段性特征的客观要求。我国经济社会发展全面进入转型升级期，同时也进入了内需转换期，人们的消费偏好已经从数量型、粗放型逐渐转向质量型、享用型。扩大内需战略和供给侧结构性改革是相辅相成、相互促进的。扩大国内需求，是为了更好发挥消费的基础性作用，更加重视投资对优化经济结构的关键性作用，以有效的需求侧管理配合供给侧结构性改革的工作主线，改善供给结构，提高供给体系质量，增强供给结构对需求变化的适应性和灵活性，更好满足人民群众个性化、多元化和高端化的需求，推动我国经济实现从高速增长向高质量发展的历史性飞跃。

扩大内需战略是对冲世界经济下行的必然选择。2020年是极不寻常的一年，突如其来的新冠肺炎疫情席卷全球，对我国经济也造成极大冲击，和周期性经济波动叠加在一起，形成了强劲的经济下行压力。我国作为"世界工厂"，国内产业链、供应链面临巨大挑战，外需急剧萎缩，海外供应链风险骤然加大。坚定实施扩大内需战略，就是要充分激发我国超大规模市场优势和内需潜力，稳住经济基本盘，把疫情造成的损失和外部环境影响降到最低限度，这是我们对冲世界经济下行风险的必然选择，也是应对各种风险挑战的战略基点。扩大内需势必拉动供给扩张,修复和夯实国内产业链、供应链,保持国内经济循环畅通,进一步带动经济增长。传统国际贸易理论认为,随着要素成本上升,一国为了发挥比较优势,应该把附加值较低的制造业转移到国外,实现产业垂直分工。但是,从经济安全的角度看,问题并不如此简单。这次的疫情冲击提醒我们,要更加关注产业链、供应链风险,确保我国产业链自主可控。我国是制造业大国,是全世界唯一拥有联合国产业分类中全部工业门类的国家,制造业具有规模和布局等优势,但是在全球产业链中我国还不是制造业强国。我们要充分利用经济发展的巨大腾挪空间,充分发挥资本、技术、劳动力、管理等综合优势,继续巩固制造中心、供应链中心的地位,加强自主创新补足产业链短板,抓紧布局战略性新兴产业、未来产业,尽快成长为创新中心、创造中心。作为30多个国家的最大出口国和60多个国家的最大进口国,我国在全球产业链中的地位举足轻重,既是全球产业链中重要的产品提供者,又是全球最大市场之一。中国实施扩大内需战略,夯实产业链、供应链,对于维护全球产业链稳定、保持全球经济循环畅通十分重要。一个更开放、更有购买力的中国市场将为全球经济发展带来新的机遇。

(二)扩大内需战略的内在要求

扩大内需更是一种立足长远、未雨绸缪的战略抉择,旨在寻求内外经济的再平衡,做大内部转圜空间,增强韧劲、提升质量。中国经济已由高速增长阶段转向高质量发展阶段。服从并服务于高质量发展,理应成为新时代扩大内需的基本遵循和最终依归。

扩大内需战略要妥善处理好三对重要关系。一是扩大内需与调整结构的关系。调整结构与扩大内需是一体两面,相辅相成。扩内需不能脱离于调结构,而要重在解决制约经济持续向好的结构性、深层次问题。二是扩大内需与对外开放的关系。中国作为一个人口和地域大国,依靠内需为主发展经济是必然选择。但是绝不能因此将扩大内需与对外开放对立起来。过去40年,正是由于国际国内两种资源、两个市场的紧密联动，才有中国经济的奇迹式发展。新时代实现高质量发展，更加离不开全方位、高水平的对外开放，内外互促共进。三是需求侧管理与供给侧改革的关系。二者不是非此即彼、一去一存的替代关系，而是要相互配合、协调推进。用好需求侧管理这个重要工具，可以为供给侧结构性改革提供良好环境和条件。

扩大内需应抓准有效需求。需求与需要是两个截然不同的概念，人人都有需要，却未必人人都有需求，需求指的是具备支付能力的需要。扩大内需的正确思路要落脚于需求而非需要。这是因为即使通过满足需要的思路短期内促进了经济增长，当刺激政策消失后，由于缺乏可持续的收入来源支撑，由满足不具有实际支付能力的需要所带来的虚假增长也会随之消失，最终使经济发展重陷困难。因此，扩大内需战略必须以有效需求为抓手。第一，扩大内需须避免当前有效需求的大幅度萎缩。疫情对出口和消费的冲击最终会波及收入端并严重影响有效需求。因此，避免当前有效需求的大幅度萎缩是扩大内需的首要工作，也是决定扩大内需战略成效的关键。一方面，应该"以新补旧"，通过加大新基建的投资力度来重构传统生产模式，优化要素配置，释放新的发展动能和需求，弥补因疫情防控而受到冲击的投资需求部分。另一方面，也应该"以增补减"，针对广大居民收入因受疫情影响而减少的部分，短期内可采取诸如部分补贴、发放消费券等手段予以对冲，降低疫情通过收入渠道对消费需求的冲击程度。第二，扩大内需应将需要尽可能地转变为有效需求。顺利完成这一转变过程的关键动力就是可持续地提高居民收入。首先，有机结合精准扶贫和乡村振兴战略，有序引导各种要素向农村地区集聚，不断提升农村地区的产业化和利润率水平，增加农民收入，释放有效需求。其次，加快户籍制度改革和稳步推动新型城镇化战略，完善城市社会保障制度，推进基本公共服务全覆盖，释放城市居民的有效需求。最后，加快制定实施中等收入群体收入倍增计划和推动减税降负工作有序进行，优化国民收入分配格局，保证收入分配份额向劳动力报酬倾斜。同时，落实定向减税和普遍性降费政策，降低企业主体的经济负担，释放整个经济体系的有效需求。第三，扩大内需要求国内供给能满足国内有效需求。除了增加有效需求外，增强我国供给体系满足自身有效需求的能力也是扩大内需战略的重要内容。近年来，随着我国居民收入水平的提高，人民日益增长的美好生活需要与我国供给体系间的错配现象越发严重，大量的有效需求无法被国内生产体系所满足，只能依靠国外生产体系。仅以母婴市场为例，2019年，我国母婴市场销售规模已经超过3万亿元，其中，绝大部分占据类似于奶粉、洗护等细分母婴市场优势地位的产品都是国外品牌。因此，扩大内需不仅应关注由需要转变而来的需求增量，也要重视过去有效需求的存量。应有针对性地梳理国内各种市场尤其是产品技术门槛较低市场的供需匹配结构，鼓励各地方区域制定增强相关产业竞争力和市场份额的发展规划，增强自身供给体系满足自身有效需求的能力。

　　扩大内需必须靠政策助力。坚定实施扩大内需战略，要让市场在资源配置中起决定性作用，更好发挥政府作用，把扩大内需的各项政策举措抓实抓细抓落地，放大政策的乘数效应。要创造良好的制度环境，进一步深化财税改革、商事改革、土地制度改革、金融改革等。要释放消费潜力，改善收入分配，扩大居民消费，适当增加公共消费。要积极扩大有效投资，重点支持既促消费惠民生又调结构增后劲的"两新一重"建设，促进传统产业改造升级，扩大战略性新兴产业投资。要调动民间投资积极性，支持部分外贸产能转向国内市场，支持企业出口转内销。要着力帮扶中小企业渡过难关，提高中小企业生存和发展能力。要保持我国产业链供应链的稳定性和竞争力，促进产业链协同复工复产达产。要切实做好民生保障工作，加大脱贫攻坚力度，确保如期全面完成脱贫攻坚任务。要抓好重点行业、重点人群就业工作，完善社会保障，确保群众基本生活。

专家观点

国务院发展研究中心市场经济研究所副所长、研究员王青提出：实施扩大内需战略，是我国应对长短期、国内外诸多风险挑战的必然选择和重大举措。在推进落实的过程中，需关注和解决几个方面的问题。一是找到疫情防控常态化和积极扩大消费之间的平衡点。二是关注和发挥中等收入群体的消费主力军作用。三是切实落实国家对推动"新基建"的新要求。四是抓住时机加快消费领域改革。

二、扩大内需要以扩大消费需求为重点

消费一头连着经济，一头连着民生。没有消费，生产难以为继，经济增长无从谈起。消费是经济运行的稳定器，是拉动经济增长的主引擎。近年来，我国消费增长较快，对经济增长持续发挥主要拉动作用。2013~2019年，最终消费支出对经济增长的贡献率平均达到60.5%，对经济增长的拉动平均为4.2个百分点，均明显高于资本形成总额、货物和服务净出口。在国际环境错综复杂、国内多重矛盾问题交织叠加的大环境下，我国经济能够保持总体平稳运行，消费发挥了至关重要的作用。可以说，消费稳，经济就有了"压舱石"。2020年，受新冠肺炎疫情冲击，消费出现较大幅度萎缩。不少人受疫情影响收入减少，消费能力下降，消费信心不足，加上因担心接触传染等，出门消费的意愿不强。在这样的背景下，及时采取有效措施，切实推动消费回升，不仅是弥补因疫情冲击造成的消费缺口、防止短期冲击演变为趋势性变化、促进经济平稳运行的迫切要求，也是满足人们美好生活需要、增进民生福祉、实现经济良性循环的关键之举。

(一) 提高居民消费意愿和能力

收入是消费的决定性因素。只有收入增长了,老百姓的"钱袋子"充实了,消费才能"动起来""活起来"。因此要通过稳就业促增收保民生,让居民能消费、愿消费、敢消费。一是切实稳定和扩大就业。就业是民生之本、财富之源。在居民收入中,工资性收入是主要构成,要增加居民收入就要千方百计稳住就业,只要有就业,居民就有收入,就有能力消费。要直接瞄准遭遇困难的对象,如中小微企业、低收入家庭、农民工和高校毕业生等群体,实现普惠性政策和分类型政策的协同发力。要支持发展新产业、新模式、新业态,形成系统化政策扶持,并建立统筹资金、技术、技能培养的政策体系,实现就业技能结构平稳转型。以创新创业促进就业的倍增效应,实现高质量就业。要清理取消对灵活就业的不合理限制,减轻低收入灵活就业人员社保等负担,让他们更好地自食其力、实现发展。二是多渠道促进居民增收。增加农民收入要把握重点,要充分发挥家庭经营性收入对农民增收的主渠道作用,加快农业产业化进程;稳妥推进农村土地、林地和林木流转,完善农村土地征地补偿机制,启动农村土地、宅基地产权试点改革,鼓励金融机构开发适合农民的理财产品等深化农村改革措施,增加农民财产性收入;促进城镇居民增收要多措并举,着力提高中低收入群体的收入水平;建立企业职工工资和基本养老金正常增长机制计划,适度提高城乡居民养老金标准,扩大企业职工基本养老保险覆盖面;健全再分配调节机制,强化税收调节,完善直接税制度并逐步提高其比重;完善相关制度和政策,合理调节城乡、区域、不同群体间分配关系。三是加强保障和改善民生。落实退役军人各项优抚政策,积极推进优抚安置工作。扩大失业保险保障范围、更好保障失业人员基本生活。简化失业保险领取手续,加快推进失业保险金钱上申领,确保参保失业人员应领尽领。对于参保不足一年的农民工等失业人员,要纳入常住地保障。扩大低保保障范围,对城乡困难家庭应保尽保,将符合条件的城镇失业和返乡人员及时纳入低保。对因灾因病因残遭遇暂时困难的人员，都要实施救助。

（二）促进消费提质扩容

新冠肺炎疫情对经济造成很大影响，消费领域首当其冲，一些聚集性、流动性、接触性消费和一些非必需的消费受到影响。同时新型消费在扩容发挥作用，如网上消费、电子商务等，保障了14亿人民的基本生活，而且也助力了企业的复工复产。接下来要把被抑制、被冻结的消费释放出来，把在疫情防控中催生的新型消费、升级消费培育壮大起来，使实物消费和服务消费得到回补。一是大力推动商品消费优化升级。在衣食住行等各方面都要顺应居民消费升级趋势，加强商品的品牌、品质、标准和质量建设以及监管，不断改善居民消费环境，提高消费水平。二是全面促进服务消费提质扩容。改善生活性服务业供给结构和供给方式，满足居民日益增长的个性化、多样化消费需求。加快释放文化、旅游、体育、养老、托幼、家政、教育培训等服务消费的潜力。丰富文化和旅游产品供给，提升国内旅游质量，推动文化事业和产业繁荣发展。大力发展体育消费，普及全民健身和体育观赏。全方位优化养老服务有效供给，支持社会力量发展普惠托育服务，深入开展家政服务提质扩容"领跑者"行动。推进产教融合，支持社会力量举办教育培训。三是加快培育新型消费。大力发展数字消费、网络消费、信息消费等新型消费业态。大力推动线上线下消费有机融合，促进传统线下业态数字化改造和转型升级。推广"互联网+社会服务"消费模式，培育丰富在线教育、在线医疗、在线文娱等线上消费。四是积极扩大绿色健康节能环保消费。以绿色发展为引领，推进绿色有机生态农产品的生产、供应和消费。完善工业节能与绿色制造标准体系，引领绿色节能产品、绿色设计产品的推广应用。以应对新冠肺炎疫情为契机，倡导全社会形成健康消费观念和健康生活方式，鼓励以家庭为单位储备包含口罩等在内的医疗救助箱。整合优化医疗健康资源和供应链，完善健康产业体系，扩大健康服务消费。五是加强消费基础设施和服务体系网络布局建设。加快布局支持新型消费的5G网络、数据中心、工业互联网、物联网等新型基础设施。优化消费网络重要节点布局,建设一批辐射带动能力强、资源整合有优势的区域消费中心。推动城乡商业网点建设,优化商业零售业企业规划布局,发展小店经济、夜间经济等。

(三)营造良好消费环境

良好的消费环境能够提升消费体验、激发消费潜力、促进消费增长。要加强消费相关的软硬件建设,保护好消费者合法权益,让消费者便利消费、放心消费。一是改造提升城市步行街。步行街品牌集聚、店铺众多、资源丰富,因而改造提升步行街有利于促进消费、拉动投资和扩大就业。要结合实际情况探索出不同改造提升模式,不断进行业态的优化和升级,提升步行街品质,促使步行街商业繁华。要统筹推进商贸文旅融合,支持步行街开展各类特色营销活动,支持非物质文化遗产保护项目、老字号品牌、传统手艺到步行街开设体验店。二是加快发展农村流通体系。要进一步改造提升农村流通基础设施,促进形成以乡镇为中心的农村流通服务网络,健全县—乡—村三级物流共同配送体系推动商流物流统仓共配,降低物流成本。扩大电子商务进农村覆盖面,优化快递服务和互联网接入,提高农村电商发展水平。改善提升乡村旅游商品和服务供给,鼓励有条件的地区培育特色农村休闲、旅游、观光等消费市场。加快农产品产地市场体系建设,实施"互联网+"农产品出村进城工程。加快发展农产品冷链物流,完善农产品流通体系,加大农产品分拣、加工、包装、预冷等一体化集配设施建设支持力度,加强特色农产品优势区生产基地现代流通基础设施建设。拓宽绿色、生态产品线上线下销售渠道,丰富城乡市场供给,扩大鲜活农产品消费。三是加强消费者权益保护。要强化市场秩序监管,维护市场秩序稳定,打击各类市场不法行为,有效净化消费环境。加强进口产品安全追溯体系建设,提高进口产品及渠道透明度。鼓励地方监管平台、电商平台、第三方追溯平台与国家重要产品追溯平台信息互通。要积极推进消费领域信用体系建设。完善个人信息保护制度和消费后评价制度，大力优化线上消费环境。充分运用全国信用信息共享平台金融信用信息基础数据库等，建立健全企业和相关人员信用记录。企业信用信息依法向全社会公开，为公众提供信用信息一站式查询和消费预警提示服务。三是畅通消费者维权渠道。探索符合实际的集体诉讼制度，降低消费者维权成本。消费者协会、市场监管等相关部门要联合起来，形成消费者维权程序的一站式办公体系，让消费者的诉求能够及时、有效地被回应，问题得以顺利地解决。充分发挥媒体监督功能，加大对侵害消费者合法权益违法行为的曝光力度。

三、立足大循环　谋篇双循环

根据2019年的数据，出口占我国GDP比重接近20%。2020年，受新冠肺炎疫情影响，各国之间正常的经济联系受到严重冲击。由于我国出口部门中劳动密集型行业居多，因此出口下降既会减少企业的外部需求，更会对就业造成影响。扩大内需，既可以弥补外部需求的缺口，也可以通过扩大有效投资来增加就业。正因此，党中央提出要逐步形成以国内大循环为主体、国内国际双循环相互促进的新发展格局。以国内大循环为主体，绝不是关起门来封闭运行，而是通过发挥内需潜力，使国内市场和国际市场更好联通，更好利用国际国内两个市场、两种资源，实现更加强劲可持续的发展。"双循环"战略是我们适应内外环境变化的一次主动调整，是实施扩大内需战略的必由之路。"双循环"要以国内大循环为主体，国内大循环最重要的就是要促进消费、扩大投资。

立足国内大循环，是构建国内国际双循环相互促进的新发展格局的重要基础。从外部看，新冠肺炎疫情在全球蔓延重创世界经济，也给我国经济社会发展增加了不确定性。在逆全球化、贸易保护主义抬头、世界市场萎缩的新形势下，我们更有必要将中华民族伟大复兴的战略全局与世界百年未有之大变局作为谋划工作的基本出发点，深刻认识国际国内各种不利因素的长期性、复杂性，妥善做好应对各种困难局面的准

7. 把满足国内需求作为发展的出发点和落脚点

备。这就要求我们深挖国内巨大需求潜力，以国内大循环引领国际循环，实现我国经济社会可持续发展。从内部看，我国在扩大内需和促进国内经济大循环方面有着得天独厚的优势。市场规模方面，我国有包括4亿多中等收入群体在内的14亿人口所形成的超大规模内需市场；居民收入方面，我国政府制定和实施了全球最大规模的减贫计划，并且取得了举世公认的成就，面对疫情冲击，我国仍将确保完成决战脱贫攻坚的目标任务；投资需求方面，我国正处于新型工业化、信息化、城镇化以及农业现代化等快速转型升级的发展阶段，投资需求潜力依然巨大。内需市场的庞大和不断升级是中国经济的活力之源，需求结构和消费升级是驱动经济良性循环、加速国内国际双循环的重要驱动力。随着需求层次与购买力不断提升，我们的消费需求正从"数量型、生存型、温饱型"消费向"质量型、发展型、享受型"消费转变。可以说，以供给侧结构性改革为主线，着力打通生产、分配、流通、消费各个环节，把我国超大规模国内市场的潜力充分释放出来，就能够形成国内经济大循环，从深层次上解决供需错位问题，用强大的内部需求为经济稳定运行保驾护航。

立足国内大循环，要把满足国内需求作为发展的出发点和落脚点，加快构建完整的内需体系。14亿多人口形成的超大规模内需市场，已经成为我国经济发展的显著比较优势和我国强大的发展韧劲所在，孕育着巨大的潜力与活力，这也是我国经济应对风险挑战的最大底气。接下来，要着眼国内需求，让内需动力更为强劲，消费升级带动产业升级步伐加快，使之成为支撑中国经济稳中有进的强大引擎。一要进一步挖掘内需潜力。强化民生导向，促进国内消费提质升级，加快形成和创造国内消费增量的新增长点，推动消费稳定增长。切实增加有效投资，着眼国家长远发展，加强战略性、网络型基础设施建设，释放国内市场需求潜力。二要健全和完善我国制造业产业链和供应链。把握疫情过后制造业全球产业链可能出现重大调整的时机，用好大数据等技术手段，找准高端产业发展中产业链、供应链存在的薄弱环节，组织力量开展集成研究、协同攻关，加强重要制造业领域、重点生产环节和关键材料、关键零部件、关键生产工艺的技术研发，提升我国制造业的整体实力和先进制造业的整体技术水平。同时巩固提升我国拥有独立完整的工业体系的优势，进一步优化全产业链发展布局。充分发挥我国空间地域广、劳动力资源丰富的优势，更好挖掘产业结构梯次转移的空间潜力，立足于发掘我国超大规模和不同层次结构的市场需求的潜力，更好引导要素资源有效配置。三要在体制变革与机制创新中构建内需体系的制度架构。构建完整的全国统一市场，畅通要素在国内各区域间的自由流动，打通不同区域之间的经济循环。深化投融资体制改革，完善各类市场主体平等参与投资的营商环境。

立足国内大循环，还要谋篇国内国际供给需求良性循环。实现国内国际双循环相互促进，这既是中国经济高质量发展的内在要求，也是全球经济发展新趋势的客观需要。为此，一要高质量推进"一带一路"建设，通过实施"一带一路"建设等，继续鼓励中国企业走出去，布局国内国际两个生产、两个市场。逐步摆脱过度依赖中国作为生产制造中心而欧美作为金融研发中心、消费中心的传统国际循环模式，转向更均衡、更多面向发展中国家的全球化模式，在全球产业链价值链深度分工调整和创新发展中作出新贡献。二要进一步增强国内循环与国际循环的柔性和韧性，从制度、技术、规则等多方面实现国内循环与国际循环相互融合、相互促进。

世界正面临着百年未有之大变局，两者同步交织、相互激荡。我们要在危机中育新机，于变局中开新局，坚持以新发展理念为指导，坚定实施扩大内需战略，逐步形成以国内大循环为主体、国内国际双循环相互促进的新发展格局，培育新形势下我国参与国际合作和竞争新优势。实施扩大内需战略同时顺应了应对疫情冲击、保持我国经济长期持续健康发展、满足人民日益增长的美好生活需要等多方面需求，这一新战略的实施必将对中国经济乃至世界经济产生深远影响。只要我们始终坚持党的集中统一领导，坚持社会主义市场经济改革方向，中国经济这艘大船一定能够乘风破浪，行稳致远！

8 投资用在刀刃上
——"两新一重"精准发力

受疫情冲击,各方面都认为有必要扩大有效投资,但对重点投向哪里各方有不同看法。2020年5月22日上午,李克强总理作政府工作报告,报告立足推动高质量发展、满足人民群众需求,提出把加强"两新一重"建设作为投资重点,这是党中央、国务院经过反复研究考量确定的,也吸取了社会各方面的意见。

一、"两新一重"的内涵

经过近些年的快速发展,我国经济结构已经发生明显变化,消费成为拉动经济增长的第一动力。做好"稳"工作、落实"六保"任务,尤其是保居民就业、保基本民生、保市场主体,目的是让居民有收入,进而有能力消费,拉动市场、稳定增长走出一条有效应对冲击、实现良性循环的新路子。今天的投资就是明天的供给,如果没有投资,消费就会是无源之水、无本之木。所以,扩大消费不是不要投资,而是要针对居民消费需求新变化，对投资重点进行相应优化调整，使提振消费与扩大投资有效结合、相互促进。2020年政府工作报告在扩大有效投资部分明确提出，重点支持既促消费惠民生又调结构增后劲的"两新一重"建设。

"两新一重"顾名思义，也就是两个"新"和一个"重"，分别是新型基础设施、新型城镇化，以及交通、水利等重大工程。根据政府工作报告，支持"两新一重"建设主要是：加强新型基础设施建设，发展新一代信息网络，拓展5G应用，建设充电桩，推广新能源汽车，激发新消费需求、助力产业升级。加强新型城镇化建设，大力提升县城公共设施和服务能力，以适应农民日益增加的到县城就业安家需求。新开工改造城镇老旧小区3.9万个，支持加装电梯，发展用餐、保洁等多样社区服务。加强交通、水利等重大工程建设。增加国家铁路建设资本金1000亿元。

新型基础设施建设是实体经济迈向高质量发展的新鲜动能，契合了高质量发展和群众消费升级的需要。它主要涵盖5G基站建设、特高压、城际高速铁路和城市轨道交通、新能源汽车充电桩、大数据中心、人工智能、工业互联网等领域。新基建兼顾了稳增长和促创新的双重任务，同时，由于投资主体和融资方式更为多元化，发展新基建有利于充分发挥市场这只无形之手的调节作用，提升社会资本参与的积极性。加强新型基础设施建设，既是应对短期稳增长、保就业的需要，从长远来看，资金不会浪费，而且未来还会产生收益。

中国的新型城镇化战略已连续实施数年，党的十八大肯定了新型城镇化的建设，指出"城镇化水平明显提高，城乡发展协调性增强"。2014年3月16日，《国家新型城镇化规划（2014～2020年）》正式发布。2020年4月3日，国家发改委印发《2020年新型城镇化建设和城乡融合发展重点任务》的通知，要求"推进以县城为重要载体的新型城镇化建设，促进大中小城市和小城镇协调发展，提升城市治理水平，推进城乡融合发展，实现1亿非户籍人口在城市落户目标和国家新型城镇化规划圆满收官"。随着我国新型城镇化进程从追求速度转向追求质量，亟待补上此前城镇化在住房、医疗、教育等各个领域的短板。因此，2020年的政府工作报告，在扩大投资的部分提及推进新型城镇化，实际上就是要通过加大这些领域的投资补短板、调结构、增后劲。

传统的"铁公基"、水利、能源工程很多都与老百姓生活密切相关。从经济社会发展的全局来看，短期内新基建还不能从规模上取代传统基建，交通、水利、能源、电力等重大工程仍然是稳定生产体系、保障基本民生的重要且必要的项目。基础工程建设，不仅能够带动相关产业的发展，而且为我国的长远发展奠定基础，必然与"两新"一起为中国经济社会发展积蓄巨大的发展潜能。

二、加强新型基础设施建设

基础设施是经济运行的"支撑系统"，每种形态的经济都需要相应的基础设施提供支撑。农耕经济主要靠农田水利设施，工业经济主要靠水电路气等。当今世界，信息化浪潮狂飙突进，数字经济一日千里，呼唤着新基建加快建设。新型基础设施建设是实体经济迈向高质量发展的新动能，契合了高质量发展和群众消费升级的需要。它主要涵盖5G基站建设、特高压、城际高速铁路和城市轨道交通、新能源汽车充电桩、大数据中心、人工智能、工业互联网等领域。新基建兼顾了稳增长和促创新的双重任务，同时，由于投资主体和融资方式更为多元化，发展新基建有利于充分发挥市场这只无形之手的调节作用，提升社会资本参与的积极性。加快推进新基建不仅是培育新消费、应对当下挑战的重要突破口，也是推动技术转化为生产力、培育发展新优势、提高未来竞争力的必然选择。尤其是5G一业带百业，将带动"人人互联"走向"万物互联"，开辟一片新天地。

> **专家观点**
>
> 中国信息通信研究院院长刘多：新基建伴随新一轮产业革命孕育而生，二者互为依托，相互促进，是国民经济发展的重要基础，深刻改变人类生产生活方式。从眼前看，发力新基建将成为应对疫情冲击、促消费、稳增长的有效手段；面向未来，发展新基建更将是构筑数字经济创新发展之基、培育新动能、推动发展方式转变的关键之举。

（一）"新基建"的战略意义

近年来，国家高度重视新型基础设施建设，做出了一系列重大部署。总体来看，新型基础设施是以数字化赋能为核心特征的，融合感知、传输、存储、计算、处理为一体的战略性基础设施，是事关经济社会未来发展竞争力的"新基建"，既包括数字化设施，涵盖"云、网、端"的新一代信息基础设施，也包括设施数字化，即通过新一代信息技术，改造"铁公机"，以数字化赋能交通、能源、水利、市政等传统基础设施，形成的智能基础设施。

建设新型基础设施，是确保短期经济社会稳定健康运行的现实需要。经过多年持续投资和增长，我国基础设施建设取得长足进步，但既有存量人均水平仍落后于发达国家，且在区域之间、城乡之间发展不平衡。在富有高科技含量的"新基建"领域，如数据中心、云计算、5G等，社会需求旺盛，有必要加快补足短板。同时，考虑到传统基础设施投资回报率持续下行，"新基建"可以充分利用其自身通用目的技术（GPT）特性，在扩大有效投资规模、促进经济增长产生的同时，还可以发挥外溢效应，统筹带动传统基础设施提高运行服务效率，更好支撑国民经济发展。

建设新型基础设施，是建设数字中国、推动新旧动能转换的战略支撑。传统经济关注人和物的流动，而在数字经济时代，数据的自由有序的流通更为关键。作为承载数据采集、传输、存储、计算的关键载体，新型基础设施正成为数字中国建设的重要基石，有利于培育壮大数字化产业，带动有效投资形成新动能。同时，建设新型基础设施，有利于推动产业结构高端化和产业体系现代化，推进互联网、大数据、人工智能等新一代信息技术与实体经济加速深度融合，助力新旧动能转换，加速产业数字化转型。

建设新型基础设施，是满足人民日益增长的对美好生活需要的内在要求。随着万物互联时代到来，线上线下融合发展呈现加速趋势，"宅经济"、平台经济、无接触服务等需求井喷。特别是此次疫情中，5G、数据中心、工业互联网等新型基础设施，对有效满足在线教育、远程办公、线上诊疗等公众需求，推动紧急物资的供需对接，起到了重要支撑保障作用，极大提升了在线服务质量和效率。新型基础设施建设有助于带动信息消费，例如，5G商用将带动2万亿元的信息服务消费和4.3万亿元的终端消费，催生车联网终端、高清沉浸式视频设备等一大批产品智能升级。

建设新型基础设施，是提升区域未来发展核心竞争力的重要举措。数字经济时代，地区发展不再纯依赖地缘格局，工业时代交通枢纽的地区具有比较优势，数字经济时代，区域信息枢纽、算力中心将成为新的地区竞争力。5G、数据中心、人工智能、工业互联网、物联网等新型基础设施建设有利于优化产业环境、重塑产业结构、构建创新生态等，是提升区域未来发展核心竞争力的重要举措。

建设新型基础设施，是构筑现代化经济体系的战略举措。纵观历史，每一轮科技革命和产业变革浪潮中，"新型"基础设施（如蒸汽机、铁路、电力、电信、互联网等）都起到了夯实根基、助推发展的关键作用，对推动人类社会迭代演进和全球政治经济秩序变革产生深刻影响。近年来，美国、欧盟、日韩等发达国家和地区高度重视对5G、人工智能、工业互联网、物联网、产业互联网等新型基础设施投资和布局，力争抢占全球新一轮科技和产业革命潮头,谋求未来国际竞争优势地位。以"新基建"赋能传统基础设施,继而实现现代化改造,既是继续深化供给侧结构性改革,促进产业转型升级,建设强大国内市场,满足人民群众对美好生活向往的重要举措,也是增强国家综合国力,提升全球竞争力和影响力的重要方略。

(二)新型基础设施建设的重点方向

各地发展新基建,要贯彻创新、协调、绿色、开放、共享的发展理念,注重把握发展规律,补齐短板,适度超前,新老并重,融合发展,因地制宜加快构建新型基础设施,筑牢数字中国、网络强国建设的强大基石。

一是发展壮大云、网、端"新基建"。以5G建设为契机,打造"双千兆"城市,不断提高网络覆盖率和网络速率质量,优化网间互联互通能力,提升用户网络体验,高质量建设信息通信枢纽设施。以数据中心为载体,协同推进边缘数据中心部署,超前布局超级计算中心,建成满足人工智能发展需求、按需调配的"边—云—超"高效协同计算体系。统筹部署物联网、工业互联网终端和服务平台,推动终端设备联网上云,提升经济社会运行监测、态势感知能力。

二是加速传统基础设施数字化。以能源互联网为重要抓手,推动能源形态协同转化、集中式与分布式能源协同运行;统筹部署多表合一、充电桩、多站融合等用能设施,实现能源更加高效利用。以智能网联汽车为重要突破点,统筹推进汽车、公路、城市道路及附属设施智能化升级;在各类交通载运工具上推广应用具备多维感知、高精定位、智能网联功能的终端设备,构建多式联运智能畅达的交通运输体系。以综合管廊和智能杆柱为综合载体,推进市政基础设施升级,在数字空间构建孪生城市,实现运行管理更加智能。

三是强化制度保障与示范推广。要加强新型基础设施统筹规划和整体推进,建立空间综合利用的协调协商机制,鼓励各类建设主体积极开放公共资源，开展新型基础设施的共建共享。要加大新型基础设施投资，引导大型基建专项资金向新型基础设施倾斜。要加强新型基础设施示范推广和评价考核力度，推动试点示范、以评促建，总结先进模式，推广建设经验。

资料链接

河北新基建澎湃新动能

河北省委、省政府高度重视新型基础设施建设、数字经济发展，紧紧抓住历史性窗口期和战略性机遇期，在"推进数字产业化"上按下快进键，制定出台了一系列含金量很高的政策措施，吸引阿里巴巴、华为、百度等一批国际国内顶尖企业纷纷落户。

张北坝上，阿里巴巴、腾讯等数十家企业陆续落户，预计到2020年年底，张家口将形成投资过千亿元、服务器规模达到150万台的全新大数据产业集群。该市正在打造世界级超大规模数据中心产业集群、国家级绿色数据中心创新示范区，建设"中国数坝"。

凤河之南，廊坊开发区大数据产业园中，润泽国际信息港、中国联通华北基地、华为数据中心等大数据企业毗邻而居，集云存储、云计算、云服务、大数据存储加工及应用等于一体的大数据产业集群加速崛起。

新基建，新动能。来自省发改委的信息，河北今明两年5G网络、数据中心、工业互联网、人工智能等新型基础设施拟开工和在建项目约140项，总投资达1744亿元。

新基建，新未来。一个全新的产业正在异军突起，让"后浪"愈加澎湃。2020年一季度，河北信息传输软件和信息技术服务业增加值同比增长19.6%。

资料来源：河北日报

（三）推进"新基建"高质量发展关键在于强化政策协同

推进"新基建"有效实施需解决如何落地、钱从哪里来、效能如何高效发挥等关键问题。

首先，必须要做好统筹规划，明确发展重点和优先顺序，提升系统整体性。推进"新基建"建设既要体现基础设施内在的整体协同性、系统网络性要求，还要面向国家现代化发展全局的长远性和战略性要求。一方面，推进"新基建"既要加强与传统基础设施之间的统筹协调，同时还要加强新型基础设施彼此之间的相互照应，确保整个基础设施系统整体优化和协同融合，从而更好发挥其对经济社会发展的支撑带动作用；另一方面，要充分考虑我国仍是世界最大发展中国家的国情，推进"新基建"应明确发展重点和优先顺序，既要坚持集约高效、经济适用的原则，不宜过度超前，杜绝形象工程，同时，也要遵循智能绿色、安全可靠发展要求。

其次，必须坚持政府引导和市场主导相结合，畅通投融资渠道。2020年3月4日，中央在研究当前新冠肺炎疫情防控和稳定经济社会运行重点工作时，提出"要注重调动民间投资积极性。"一方面，考虑到中央和地方财政收支都相对紧张，而且任何资金都有其影子成本，在推进"新基建"过程中，要优化财政投资方向和结构，更好发挥财政资金撬动作用，提高财政资金使用和配置效率；另一方面，进一步深化基础设施行业改革，完善政府与社会资本合作的法律政策框架，进一步加大市场准入放开力度，引导更多社会资本投资新型基础设施。

再次，必须强化"新基建"项目全生命周期管理，加强风险防控。推进"新基建"项目必须贯彻全流程、全生命周期管理理念，对于涉及财政资金支持的项目，事前，要做好"新基建"项目技术可行性、经济可行性分析，以现实需求和潜在需求扩张为导向，加强成本收益评估，择优支持，确保投资风险和成本可控，投资综合收益最大化。事中，要管理好项目质量和实施进度，确保项目按照计划高质量完成。事后，要做好项目验收工作，确保经济适用，避免服务价高质次，损害用户福利。

最后，必须防范新基建项目"蜂拥而上"和重复建设，杜绝资源浪费。在项目落地实施过程中，要充分考虑各地实际需求、自然地理条件、网络布局基础，以整体优化基础设施网络为标尺，防止各地不顾条件、一拥而上、单兵突进，出现烂尾项目，造成无效投资、产能过剩和社会资源浪费，加重社会负担。此外，推进"新基建"有其内在要求和明确边界，要高度警惕新瓶装旧酒、搭便车的行为，避免为部分市场机构和媒体所误导，产生政策偏差。

三、加强新型城镇化建设

（一）新型城镇化建设的本质要求

新型城镇化就新在人的城镇化上。千万农民进城后，不光是有楼房住，更重要的是保障他们的公共服务供给，这意味着要解决医疗、就业、孩子入学这类实实在在的问题。加强城市短板领域建设，围绕农民进城就业安家需求，提升城镇公共设施和服务水平，才会有人的城镇化。

推进新型城镇化必须加大投入补短板。让农民过上市民生活，不是在城里买套住房就万事大吉，需要城市公共服务能力相应扩容，这包括老旧小区改造、完善环保设施、社区公共服务、智能化服务、公共停车场等基础建设，都要随着农民进城而"水涨船高"。城镇质量的提高，"硬"的方面只能是加大投入。城镇化意味着巨额资金投入，不仅需要资金启动市政、交通等固定资产投资，还要建立起与新型城镇化相配套的养老、医疗等基本服务体系。必须构建可持续的公共财政体系和投融资机制，加快形成财政保障、金融输血、社会参与的多元化投入格局，才能提供充足的资金保障。

新型城镇化的本质是农民生存方式的变革。备齐"硬件",创新"软件",是城镇化的必做功课。村庄变为都市之后,透绿,透气,透文化,使市容展露新姿,才是农民向往的城镇化。同时,在户籍登记、公共教育、就业服务等方面,农民与市民实现同权、同待遇。

(二) 当前新型城镇化建设的重点工作

新型城镇化是最大的内需潜力所在。当前和今后一个时期,要以人为核心,加强城市综合承载能力建设,完善提升城市功能,让城市生活更美好。2019年年末,我国常住人口城镇化率为60.6%,远低于发达国家80%左右的平均水平。影响农民进城安家落户的,既有体制机制上的诸多障碍,还有城镇承载力不够的原因。新型城镇化建设是个庞大工程,当前和今后一个时期,到底从哪里去突破,关键还是要聚焦为人民群众创造美好新生活。重点做好两个方面的工作。

一方面,提升县城公共设施和服务能力,让更多农民到县城安家乐业。我国县城数量众多、星罗棋布,是统筹城乡发展的关键节点,在城镇体系结构中处于独特地位。随着大城市生活成本快速上升,农民到县城就业安家需求日益增加。截至2019年年底,我国分别有194个县、387个县级市,常住人口分别为1.55亿人和0.9亿人,占全国城镇常住人口的近30%。随着大城市生活成本攀升,现在农民到县城就业安家的愿望越来越强烈。因为这样既可以不远离乡土,还能享受城市生活。2020年国家有关部门专门出台了加强县城城镇化补短板强弱项工作的政策文件,各地要统筹公共资源,重点投向县城,兼顾县级市城区。考虑到有些特大镇已具备小城市甚至中等城市城区的人口规模,但公共资源特别是公共服务设施、市政公用设施仍按照镇级来配置,与实际民生需求相比存在很大缺口。一要针对大量农民到县城居住发展的需求,加大以县城为载体的城镇化建设,完善县城交通、垃圾污水处理等公共设施,建设适应进城农民刚性需求的住房,提升中小学和幼儿园、养老等服务能力,提高县城承载能力。二要针对防疫和防汛防灾减灾中暴露出的问题，着力加强公共卫生体系和相关设施建设，提高城市预防和应对重大疫病的综合能力。三要科学规划和改造完善城市河道、堤防、水库、排水管网等防洪排涝设施，加强对台风、地震、火灾等各种灾害的防御能力建设。

> **政策传真**
>
> **加快开展县城城镇化补短板强弱项工作**
>
> 2020年5月，国家发展改革委印发《关于加快开展县城城镇化补短板强弱项工作的通知》（发改规划〔2020〕831号），明确4大领域17项建设任务，在湖北、长江三角洲区域、粤港澳大湾区和其他东中部都市圈地区，兼顾西部和东北地区，选择120个县及县级市开展县城新型城镇化建设示范工作。

另一方面，加快城镇老旧小区改造，让城镇老旧小区旧貌换新颜。我国城市现有小区很多建于20世纪八九十年代，设施老化、管理缺失、没有电梯、内部环境脏乱差问题突出，老人上下楼不方便，休闲健身无处去，不仅影响生活质量，也制约消费扩大、影响城市形象。国家从2019年开始就将城镇老旧小区改造纳入保障性安居工程，安排中央补助资金支持。为扩大有效投资，2020年改造规模进一步增加，各地计划新开工改造小区3.9万个，涉及居民近700万户，重点改造2000年前建成的住宅区。此次改造内容要更加全面：一是改造提升水电气路信等配套管网设施；二是支持加装电梯、配建停车设施等；三是加强居家养老、用餐、保洁、托育、防疫等公共服务设施建设。社区是城市生活的基本单元，本次抗击疫情凸显了社区服务、社区管理的重要作用，各地在实施改造过程中，决不能只简单进行基础设施更新，而要树立未来社区理念，把管理和服务融入其中，实现从改造小区向创造社区、创造生活转变。另外，要完善城市便民、无障碍设施，鼓励加快城市更新，支持改造利用工业遗产，把"工业锈带"改造为"生活秀带"、双创空间等，让城市更宜居宜业。

（三）高质量推进新型城镇化和城乡融合发展

中国在新型城镇化、统筹城乡发展方面取得了显著进展，但城乡要素流动不顺畅、公共资源配置不合理等问题依然突出。因此，实现真正公平公正的城乡融合发展，其根本途径就是加快新型城镇化下城乡融合发展建设。从目标来讲，新型城镇化与乡村振兴双轮驱动、实现高质量城乡融合发展，这是中国迈向现代化的必由之路。新型城镇化就是要由过去片面注重追求城镇规模扩大、空间扩张，改变为以提升城镇的文化、公共服务等内涵为中心，真正成为具有较高品质的宜居之所。以城乡统筹、城乡一体、产城互动、节约集约、绿色生态宜居、和谐发展为基本特征，大中小城市、小城镇、新型农村社区协调发展、互促共进，本质就是实现可持续发展的城镇化。

2020年4月，国家发改委印发了《2020年新型城镇化建设和城乡融合发展重点任务》，提出了以下总体要求：加快实施以促进人的城镇化为核心、提高质量为导向的新型城镇化战略，提高农业转移人口市民化质量，增强中心城市和城市群综合承载、资源优化配置能力，推进以县城为重要载体的新型城镇化建设，促进大中小城市和小城镇协调发展，提升城市治理水平，推进城乡融合发展，实现1亿非户籍人口在城市落户目标和国家新型城镇化规划圆满收官，为全面建成小康社会提供有力支撑。该文件从提高农业转移人口市民化质量、优化城镇化空间格局、提升城市综合承载能力、加快推进城乡融合发展4个方面提出了共26项重点任务。其中，在加快推进城乡融合发展部分，提出要突出以城带乡、以工促农，健全城乡融合发展体制机制，促进城乡生产要素双向自由流动和公共资源合理配置。

一是加快推进国家城乡融合发展试验区改革探索。推动试验区在健全城乡人口迁徙制度、完善农村产权抵押担保权能、搭建城乡产业协同发展平台等方面先行先试，引导县级土地储备公司和融资平台公司参与相关农村产权流转及抵押，加快探索行之有效的改革发展路径。二是全面推开农村集体经营性建设用地直接入市。出台农村集体经营性建设用地入市指导意见。允许农民集体妥善处理产权和补偿关系后，依法收回农民自愿退出的闲置宅基地、废弃的集体公益性建设用地使用权，按照国土空间规划确定的经营性用途入市。启动新一轮农村宅基地制度改革试点。三是加快引导工商资本入乡发展。开展工商资本入乡发展试点。发挥中央预算内投资和国家城乡融合发展基金作用，支持引导工商资本和金融资本入乡发展。培育一批城乡融合典型项目，形成承载城乡要素跨界配置的有效载体，在长江流域开展生态产品价值实现机制试点。允许符合条件的入乡就业创业人员在原籍地或就业创业地落户并依法享有相关权益。四是促进城乡公共设施联动发展。推进实施城乡统筹的污水垃圾收集处理、城乡联结的冷链物流、城乡农贸市场一体化改造、城乡道路客运一体化发展、城乡公共文化设施一体化布局、市政供水供气供热向城郊村延伸、乡村旅游路产业路等城乡联动建设项目，加快发展城乡教育联合体和县域医共体。

四、加强交通水利等重大工程建设

我国仍是发展中国家，发展不平衡不充分问题还很突出，人均公共产品拥有水平、基础设施资本存量以及物质技术装备，与发达国家相比都还有很大差距，特别是在中西部地区短板更为突出。关键要立足民生导向，聚焦发展急需、群众急盼，补好突出短板，让投资更好惠及群众、支撑发展。此外，加快推进国家规划已明确的重大工程建设，能为抗击疫情提供坚实保障，有效降低疫情对经济社会发展的影响，努力实现当年经济社会发展目标任务。

专家观点

中国人民大学国家发展与战略研究院研究员刘晓光：重大工程建设将与"两新"建设形成合力，发挥政策协同作用。例如，新基建投资面向未来的新技术、新业态、新经济发展方向，但投资规模有限，短期增长和就业拉动效应可能也不如重大工程建设，容易产生"小马拉大车"现象。如果新旧基建投资合理搭配则能够产生"1+1＞2"的效果。

（一）推进重大交通工程建设

2019年我国完成交通固定资产投资32451亿元，比上年增长3.1%。其中，铁路投资8029亿元，公路建设投资21895亿元以及水运建设投资1137亿元，民航建设固定资产投资969.4亿元，公路水路支持系统及其他建设投资420亿元。整体来看，2019年交通运输经济运行总体平稳，投资规模高位运行。

2020年要继续推动重大交通工程建设。铁路方面，重点加大沿江高铁、沿海高铁项目建设力度，积极推动川藏铁路开工，加快重点城市群、都市圈城际和市域（郊）铁路规划建设。公路方面，重点完善公路网骨干线路，加快G5兰海高速待贯通路段等扩容改造，加快普通国省干线、内河航运等项目建设。机场方面，重点推进成都、呼和浩特等新机场以及乌鲁木齐等机场改扩建工程建设，开工一批支线机场项目。

（二）推进重大水利工程建设

人多水少、水资源时空分布不均，是我们国家的基本水情。随着人口增长、经济发展和人民生活水平提高，亟需着力补齐重大水利基础设施短板。2020年政府工作报告将重大水利工程建设定位为既促消费惠民生又调结构增后劲的"两新一重"建设，既充分体现了水利建设作为合理扩大有效投资的重要手段，也是对国家水安全保障和重大水利工程建设提出了新的更高的要求。接下来，要继续加快构建与全面建成小康社会相适应的水利基础设施网络为国家防洪安全、供水安全、粮食安全和生态安全提供强有力的保障，重点做好以下工作：

一是加快在建重大水利工程建设。2014年5月，国务院要求分步建设172项重大水利工程。目前172项节水供水重大水利工程已开工145项，投资规模超过1万亿元，其中有30项已建成发挥效益。引江济淮、西江大藤峡水利枢纽、淮河出山店水库等一批标志性工程陆续开工建设，南北水调东中线一期工程等32项工程相继建成，发挥了显著的经济、社会和生态效益。接下来要在保证质量和安全的前提下，加快在建工程建设进度，保障处于施工高峰期的项目顺利实现关键节点目标，促进项目早建成早见效，充分发挥水利建设在"六稳"工作中的重要作用。

二是推进重大水利项目多开早建。着眼于提升江河调控能力和供水保障能力，改善水生态环境质量，根据中央和地方投资落实可能，想方设法加快推进项目前期工作，克服重重困难，争取多开早开。要进一步加强对重点推进项目的指导协调，推进解决工程用地、环评、移民安置等方面的重大问题，按程序加快审查审批进度，推进具备条件的项目抓紧落地实施，尽快形成实物工作量，发挥水利建设对当前稳增长、促改革、调结构、惠民生、防风险的重要作用。

三是做好重大水利项目储备。李克强总理在研究南水北调后续工程有关工作会议和研究部署"十四五"规划编制专题会议上强调，要加快推进南水北调后续工程等重大水利工程建设，研究推出一批重大工程项目，通盘考虑加强建设，推动经济社会发展。2020年7月13日，水利部副部长叶建春在国务院政策例行吹风会上表示，2020~2022年将重点推进150项重大水利工程建设，主要包括防洪减灾、水资源优化配置、灌溉节水和供水、水生态保护修复、智慧水利5大类，总投资1.29万亿元。该150项重大水利工程实施后，预计可以新增防洪库容约90亿立方米，治理河道长度大约2950公里，新增灌溉面积大约2800万亩，增加年供水能力约420亿立方米。接下来要坚持问题导向，紧紧围绕高质量发展以及支撑国家重大战略有关要求，按照"确有需要、生态安全、可以持续"的原则，立足补短板、强弱项、提质量，统筹谋划和推进一批具有战略意义的补短板重大水利工程，完善国家水网格局，促进生态保护和高质量发展，为合理扩大有效投资、推动社会主义现代化进程提供坚实的水安全保障。

9 腾"云"而起
——打造数字经济新优势

习近平总书记在致 2019 中国国际数字经济博览会贺信中指出,当今世界,科技革命和产业变革日新月异,数字经济蓬勃发展,深刻改变着人类生产生活方式,对各国经济社会发展、全球治理体系、人类文明进程影响深远。

一、数字经济是大势所趋

习近平总书记曾强调,世界经济数字化转型是大势所趋,新的工业革命将深刻重塑人类社会。近年来,数字经济奋楫逐浪,迎来了新的发展机遇。信息技术、大数据、智慧治理加速向工业、服务业、社会事业等各个领域渗透,新产业、新业态、新模式不断涌现,社会创新活力不断提升,发展动能日益增强。

(一) 全面理解数字经济的定义

以大数据、物联网、互联网、云计算、人工智能等新兴数字科技为支撑的数字经济,形成了生产力新的组织方式,提高了企业的生产效率,降低了经营成本,满足了人民对美好生活的需要。对于数字经济的定义,学术界及产业界还没有统一的表述。根据《中国数字经济发展白皮书(2020年)》,数字经济是以数字化的知识和信息为关键生产要素,以数字技术创新为核心驱动力,以现代信息网络为重要载体,通过数字技术与实体经济深度融合,不断提高传统产业数字化、智能化水平,加速重构经济发展与政府治理模式的新型经济形态。

名词解释

数字经济的部分定义

中国电子信息产业发展研究院将数字经济定义为:以数据资源为重要生产要素,以现代信息网络为主要载体,以信息通信技术融合应用、全要素数字化转型为重要推动力,促进公平与效率更加统一的新经济形态。

G20杭州峰会发布的《二十国集团数字经济发展与合作倡议》将数字经济定义为:以使用数字化的知识和信息作为关键生产要素、以现代信息网络作为重要载体、以信息通信技术的有效使用作为效率提升和经济结构优化的重要推动力的一系列经济活动。

中国信息化百人会将数字经济定义为:全社会信息活动的经济总和。数字经济是以数字化信息为关键资源,以信息网络为依托,通过信息通信技术与其他领域紧密融合,形成了基础型、融合型、效率型、新生型、福利型五个类型的数字经济。

美国商务部将数字经济定义为:一种以信息技术生产行业为基础的经济,该经济中充满了影响着经济方方面面的、数字化的技术性变革。基于信息技术的数字经济相比以往的经济有更高的长期生产率和总增长率。

数字经济是信息技术在经济领域的深度运用，以数据为关键生产要素，以网络平台为重要载体，以数字科技为支撑。数字经济包括数字产业化、产业数字化、数字化治理等内容。

一是数字产业化。数字产业化即信息通信产业，例如电子信息制造业、电信业、软件和信息技术服务业、互联网行业等，这是数字经济发展的先导产业，能够为数字经济发展提供技术、产品、服务和解决方案等。数字产业化包括但不限于5G、大数据、集成电路、人工智能、云计算、区块链等技术、产品及服务。

二是产业数字化。产业数字化是指传统产业和数字技术融合应用所带来的生产效率提升，这是数字经济发展的主阵地。数字经济是融合经济，产业数字化为数字经济发展提供广阔空间，包括但不限于工业互联网、车联网、智能制造、平台经济等融合型新产业新模式新业态。

三是数字化治理。数字化治理是政府运用数字技术，建立健全行政管理制度体系，创新服务监管方式，实现行政决策、行政执行、行政组织、行政监督等体制更加优化的新型治理模式。数字化治理包括但不限于以多主体参与为典型特征的多元化治理，以"数字技术 + 治理"为典型特征的技管结合，以及数字化公共服务等，数字化治理是推进国家治理体系和治理能力现代化的重要组成部分。

资料链接

数字经济的"两化""三化""四化"框架

随着人们对数字经济发展的研究不断深入，数字经济的内涵框架也不断扩展和丰富。从生产力角度看，数字经济促进经济增长和全要素生产率提升，开辟了经济增长新空间，中国信通院发布的《中国数字经济发展白皮书（2017年）》（下称白皮书），提出了数字经济"两化"框架，即数字产业化和产业数字化。从生产力和生产关系的角度看，数字经济的深入发展也带来了政府、组织、企业等治理模式的深刻变化，于是白皮书（2019年）提出了数字经济"三化"框架，即数字产业化、产业数字化和数字化治理。当前，数据化的知识和信息作为关键生产要素，在推动生产力发展和生产关系变革中的作用凸显，白皮书（2020年）提出数字经济"四化"框架，即数字产业化、产业数字化、数字化治理和数据价值化。

根据白皮书（2020年），数字经济的四化框架是：

生产要素：数据价值化（采集汇聚、确权定价、交易市场、安全保护）

生产力：数字产业化（基础电信、电子信息制造、软件及服务、互联网）

产业数字化（数字技术农业边际贡献、数字技术工业边际贡献、数字技术服务业边际贡献）

生产关系：数字化治理（多主体参与、技管结合、数字化公共服务）

（二）数字经济顺势发展的有利条件

党的十八大以来，党和政府以新发展理念为引领，高度重视发展数字经济，大力实施创新驱动发展战略，加快推进以科技创新为核心的全面创新，在关键领域的创新不断取得新成果、实现新突破，不断满足人民日益增长的美好生活需要。当前，数字经济发展的有利条件不断积聚。

一是数字经济技术持续创新进步。近几年，数字技术与各类技术发生广泛的连接，驱动传统产业数字化转型的认同度越来越高。同时，互联网基础设施的不断完善和内容的日渐丰富，信息技术的创新日新月异，移动互联网、物联网、云计算、大数据、人工智能、3D打印、区块链、城市大脑、数字孪生等新技术还将继续孕育、发酵和成熟，并在各个领域得到更深入、更广泛的应用。

二是数字经济强烈的市场需求和期待。我国数字经济发展的用户需求基础坚实，2019年我国移动互联网接入流量消费达1220亿GB，同比增长71.6%，其中，手机上网流量1210亿GB，同比增长72.4%。截至2020年3月，我国网民规模为9.04亿，互联网普及率达64.5%。巨大的市场消费需求和期待下，数字化转型将能够提供更好的产品、更优质的服务、更可靠的社会保障，能够为在经济社会发展过程中面临的诸多难题提供数字化解决方案，满足人民群众日益增长的美好生活需要。正是这些实实在在的期待和市场需求，为产业进行数字化转型提供了扎实的支撑。

三是数字经济发展的政策战略保障。我国作为世界网络大国和数字经济大国，高度重视发展数字经济，逐步推动数字经济上升为国家战略。在创新、协调、绿色、开放、共享的新发展理念指引下，中共中央出台一系列相关政策，积极推进数字经济发展。在国家政策的引导下，广东、山东、江苏、浙江等地方已经出台发展数字经济的重要举措。

政策梳理

我国数字经济发展战略规划进程

党的十八大以来，我国政府高度重视发展数字经济。我国数字经济发展战略规划经历了从重点推进信息技术发展和迭代演进向经济社会各领域深度融合发展等阶段。

2013年8月1日，国务院出台《关于印发"宽带中国"战略及实施方案的通知》；

2013年8月8日，国务院出台《关于促进信息消费扩大内需的若干意见》；

> 2015年7月4日，国务院出台《关于积极推进"互联网+"行动的指导意见》；
>
> 2016年5月13日，国务院出台《关于深化制造业与互联网融合发展的指导意见》；
>
> 2017年11月27日，国务院出台《关于深化"互联网+先进制造业"发展工业互联网的指导意见》；
>
> 2019年5月，中共中央、国务院出台《数字乡村发展战略纲要》；
>
> 2020年4月9日，中共中央、国务院出台《关于构建更加完善的要素市场化配置体制机制的意见》。

（三）数字经济发展的趋势特征

新一代信息技术创新空前活跃，数字化、网络化、智能化深入发展，带来全球经济格局和产业形态深度变革。顺应全球新一轮科技革命和产业变革趋势，我国数字经济腾"云"而起，作为一种新型经济形态，数字经济的发展趋势有以下特征。

一是数据化，数据成为战略性生产要素。近年来，5G、互联网催生数据爆发式增长。据IDC机构统计，2018年全球和中国数据规模分别为33ZB、7.6ZB（1ZB＝1万亿GB），其中中国占比23.0%，预计到2025年全球和中国数据规模分别为175ZB、48.6ZB，对应全球和中国的复合增速分别为26.91%、30.35%。2019年十九届四中全会首次将数据与劳动力、技术、资本等一起作为生产要素。在农业经济时代，关键生产要素是土地和劳动；在工业经济时代，关键生产要素是资本和技术；在数字经济时代，关键生产要素是数据。数据的生产、加工、处理、交易和消费，成为社会经济活动的主要要素，在整个经济活动链条中起着决定性或者基础性的作用，数据成为未来企业和国家之间竞争的核心资产。

土地、劳动、资本和技术等生产要素受到稀缺性的制约，数据流动范围有限，数据应用场景比较局限，而数据的流动加上数字化技术可复制和共享，从根本上打破了稀缺性生产要素的制约，使商业流程跨越企业边界，重塑出全新的商业生态网络与价值网络，成为推动经济持续发展的根本保障。

二是网络化，网络配置一切。我国互联网发展迅猛，工信部统计数据显示，2011~2019年，我国固定宽带用户从1.6亿户提高到4.49亿户，年复合增速13.8%，其中2019年光纤用户达到4.17亿户，渗透率超过90%，移动电话用户从9.9亿户增长到16.0亿户，年复合增速6.2%。通过互联网，可以把所有的需求和供给集结在一个平台上，而且可以通过大数据的应用实现智能化的匹配。万物互联把互联网的功能和属性加入产业的要素和环节中，会产生更加丰富的"互联网+"产业的新景象，并引发全面的创新，包括理念的创新、技术的创新、产品的创新、模式的创新、制度的创新。

三是平台化，供给侧和需求侧逐渐走向融合。从传统的经济形态看，供给侧和需求侧相互分离，依托"云网端"新基础设施，互联网平台创造了全新的商业环境，各种类型、各种行业的中小企业通过接入平台获得了直接服务消费者的机会，供应商和消费者的距离大大缩短，沟通成本大大降低，直接支撑了大规模协作的形成。成熟的数字经济平台上物种丰富，平台为买卖双方提供了基础、标准的服务，大量个性化的商业服务，借助数字经济2.0平台能够实现超大规模的协作，例如在淘宝的大零售平台，4亿消费者、约1000万在线商家共同构成了一个超大规模的分工、协作体系。

四是智能化，高技术和智能化市场发展迅猛。我国人工智能相关产业链已初具规模，智能化产品开始加速从小众化、概念化向大众化消费产品转化。我国各地区的智能化升级正全面开始迈入快车道，据赛迪顾问（CCID）预测，未来三年，中国人工智能市场规模将保持30%左右的增长速度，到2021年，人工智能市场规模将突破800亿元。目前，人工智能距离强智能和超强智能还比较远，随着智能化产业链的不断扩张，物联网的几何级数增长，人工智能将在所有行业领域的所有生产环节和生产要素上得到极大的应用，人工智能将实现从弱智能到强智能的飞跃转化。

二、数字经济成为经济高质量发展新引擎

在国际经济环境复杂严峻、国内发展任务艰巨繁重的背景下，2019年，我国数字经济蓬勃发展，各领域数字经济稳步推进，新业态新模式快速发展，新动能持续加强，成为推动经济增长、优化经济结构的重要支撑，同时为创造更多就业机会、对接新的市场需求提供了坚实保障。

（一）数字经济成为经济高质量发展新引擎

数字经济在国民经济中的地位日益凸显，规模不断扩张、贡献不断增强。从短期看，能够拉动投资、内需，助力"六稳""六保"政策落实，加快经济复苏步伐；从长期看，能够有力赋能中国经济持续增长。加快数字经济、智慧社会、数字中国、网络强国建设进程，助推中国巨轮扬帆远航、行稳致远。

1. 提供经济增长新动能。数字经济已经成为全球经济增长的一大核心动力。在全球经济下行压力加大的形势下，数字经济快速发展。联合国、欧盟、美国、英国等国家和机构都提出了数字经济、信息经济、网络经济等概念，并且成为稳定经济增长的重要动能。根据世界银行和中国信通院的数据统计，截至2018年，全球47个国家数字经济规模总计30.2万亿美元。其中，美国12.34万亿美元，位居第一，占全球数字经济规模40.9%；中国4.73万亿美元，位居第二；德国、日本、英国、法国紧随其后，数字经济规模均超1万亿美元。各国数字经济增速明显高于同期GDP增速，对同期GDP增长贡献显著，特别是英国、美国和德国的数字经济占GDP比重均在60%以上。随着数字技术持续创新，

加速与传统产业融合,数字经济拉动全球经济增长的动力日益增强。

近年来,我国数字经济规模不断扩张、贡献不断增强。我国数字经济规模从2002年1.22万亿元增长到2018年31.29万亿元(见图9-1),累计增长2560.83%,复合增速22.47%。2019年,数字经济增加值规模为35.8万亿元,同比增长15.6%,据预测,到2025年,我国数字经济规模可达到60万亿元。2002~2019年,我国数字经济占GDP比重持续增加,2002年,数字经济占GDP的比重为10.04%,2019年上升至36.2%。2019年,数字经济对经济增长的贡献率为67.7%,显著高于三次产业对GDP的贡献率,三次产业对GDP增长贡献分别为3.8%、36.8%和59.4%。2020年一季度,虽然新冠肺炎疫情给经济社会发展造成巨大冲击,但是集成电路和电子元件的产量增长16%以上,信息传输、软件和信息技术服务增加值同比增长13.2%,在经济下行压力下,数字经济成为拉动国民经济持续稳定增长的关键抓手。

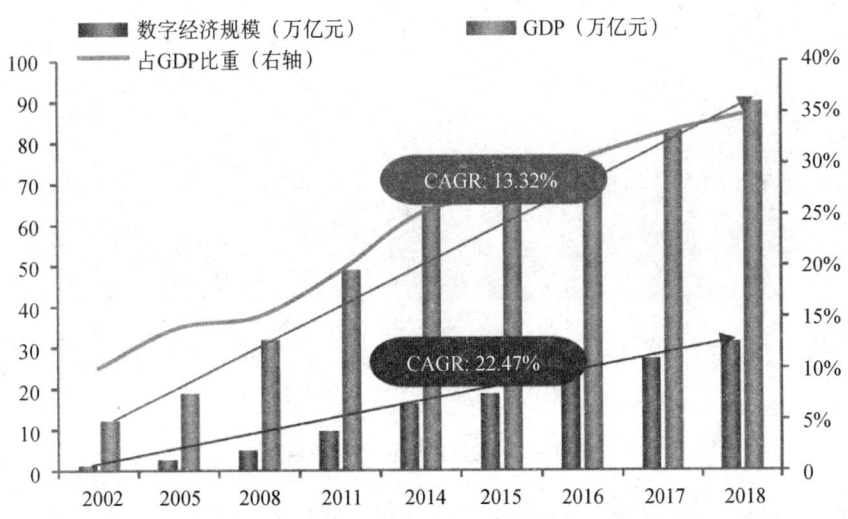

图9-1 2002~2018年我国历年数字经济规模、增速及占比

资料来源:国家统计局,信通院,恒大研究院。

2. 促进经济结构转型升级。经济转型升级是高质量发展的重要内容。数字经济加速资源要素跨产业、跨区域合理流动,为产业转型提供支持。我国超大规模的市场优势为数字经济发展提供了广阔而丰富的应用场景。数字经济不仅实现了自身的快速发展,也成为推动传统产业升级改造的重要引擎。从数字经济结构看,数字产业化占比逐年降低,产业数字化占比逐年提升,数字产业结构持续软化。2019 年,数字产业化增加值 7.1 万亿元,同比增长 11.1%,在数字经济中占比由 2005 年的 50.9% 下降到 19.8%;产业数字化增加值 28.8 万亿元,同比增长 16.8%,占数字经济比重由 2005 年的 49.1% 提升到 80.2%(见图 9-2)。产业数字化深入推进,不仅是制造业,越来越多的传统产业利用数字技术进行全方位、多角度、全链条的改造提升,创造出可观的经济效益。互联网、大数据、人工智能与实体经济深度融合,数字化对传统产业转型升级提供了新动能。2019 年,产业数字化增加值 28.8 万亿元,服务业、工业、农业数字经济渗透率分别为 37.8%、19.5% 和 8.2%。

图 9-2 我国数字经济内部结构

数字贸易加速发展,推进外贸业数字化转型升级。数字贸易是数字经济的重要组成部分。近年来,数字贸易深度和广度不断拓展,特别是在电子商务、共享经济等领域发展迅猛。根据阿里研究院数据,2018 年全球跨境电商 B2C 市场规模为 6750 亿美元,预测 2020 年规模为 9940 亿美元,年均增速约 30%。数字服务贸易方面,2008~2018 年,全球数字交付贸易出口规模从18379.9亿美元增长到29314.0亿美元，年平均增速为5.83%。2018年，数字服务出口规模1314.5亿美元，占全世界总规模的4.45%。数字贸易为数字经济发展注入强大动力，外贸行业的数字化转型升级不仅能降低企业成本，提高交易效率、增加交易机会，而且贸易突破了时间、空间的限制，虚拟现实、人工智能以及5G技术群的应用，给未来国际贸易发展提供了广阔的发展和想象空间。

> **资料链接**
>
> ### "云"上广交会
>
> 2020年第127届春季广交会"云"上举办。"云"上广交会是我国在疫情影响下的数字化尝试，更是我国数字经济转型升级的集中展示。
>
> 本次广交会上有2.5万家企业参展、180万件商品在线、24小时全球带货，数十万全球采购商和数以百万计的中国外贸从业人员参与，这是全球数字经济的盛宴。
>
> 值得注意的是，本次广交会大力开拓国际新兴市场。"一带一路"沿线参展企业占比72%，参展产品数量占比83%，并且，广交会云推介活动分别连线了秘鲁、智利、阿根廷、危地马拉、俄罗斯、蒙古国、约旦和黎巴嫩等新兴市场的相关组织和机构。

3. 稳定和增加社会就业。就业是最大的民生，是经济社会稳定发展的"压舱石"。发展数字经济在生产、消费和流通等环节可以提供大量的工作岗位，能够广泛吸收劳动力。企业数字化转型，出现了更灵活多样的就业形式，数字经济所产生的新型消费模式能够创造出更多的工作岗位，平台企业在稳定和增加就业方面的作用十分明显。2018年，我国就业总人数7.76亿，同比下滑0.07%，数字经济吸纳就业人数1.91亿，同比增长11.38%，占全国总就业人数的24.6%，数字经济就业人数在总就业人数的占比从 2007 年 5.86% 提升到 2018 年 24.62%。数字经济将在"保就业""稳就业""促就业"方面发挥更大的作用。

4. 带来新消费、新投资、新社会治理。近几年数字经济在生产生活领域和公共治理领域广泛渗透，政府治理能力不断提升，生产生活的数字化、信息化、智能化成为大趋势。特别是在面对突如其来的新冠肺炎疫情，数字战"疫"有目共睹，5G 远程会诊、AI 红外测温、无人机消毒、无接触网购配送等保障民生，远程办公、云会议、云招聘、云教学等推动复工复产复课，直播电商助力线下转型、电子消费券刺激经济复苏等，有效对冲了经济下行压力。

数字经济主要有如下特点：

一是促进民众接受新的消费模式。数字赋能稳住居民消费，直播带货、线上团购、云旅游等新型消费方式不断涌现，一定程度上弥补了线下消费的不足，对稳定消费起到重要支撑作用。国家统计局数据显示，2020 年 1～5 月，与互联网相关的新业态、新模式继续保持逆势增长。全国实物商品网上零售额同比增长 11.5%；实物商品网上零售额占社会消费品零售总额比重为 24.3%，比 2019 年同期提高 5.4%。线下和线上消费的结合以及线上消费对线下消费的推动创新，将带来更多的新消费、新服务。

二是新模式新业态已成为投资风口。依托新一代信息技术的涌现、成熟和应用，交通、零售、视频、教育、医疗等行业的新模式新业态成为资本市场的"宠儿"。疫情期间，餐饮、娱乐、旅游、教育等服务行业的供应链加快重塑，新的产业分工合作关系在快速重组，在线文娱、在线医疗、在线教育、远程办公等数字经济新兴行业需求呈井喷式增长，数字技术加速创新。网络购物、视频会议、远程医疗、云课堂等新模式层出不穷，数字经济在支撑复工复产、保障就业、提振经济等方面的作用充分凸显，为这些行业提供了扩张的机会和空间。

三是数字赋能政府治理能力提升。万物互联，各个行业、各个领域的信息系统的每一个节点、每一个环节的感知数据化打通，政府为社会大众，包括企业、个人、组织提供基于数字和数据的服务，从原来的信息化变为智能化。疫情防控常态化背景下，数字经济的优势进一步凸显，基于云计算、大数据技术的"防疫健康码"对精准防控疫情、加快推动复工复产起到了重要作用。通过提升政府数字化治理能力，加速推进政府治理由低效变高效、由被动变主动、由粗放变精准，新型智慧城市将加速进入统筹集约、协同创新的新发展阶段。

（二）如何打造数字经济新优势

2020年的政府工作报告指出，电商网购、在线服务等新业态在抗疫中发挥了重要作用，要继续出台支持政策，全面推进"互联网+"，打造数字经济新优势。大力发展数字经济的重要意义不仅体现在对经济总量的贡献上，更重要的是对产业结构的优化升级的推动作用。下一步，要继续推动互联网、大数据、人工智能同实体经济深度融合，加快推进数字产业化、产业数字化。

一是完善新型基础设施建设。只有厚植基础，才能行稳致远。服务数字经济的基础设施，包括5G网络、数据中心、人工智能、物联网等，也包括传统基础设施的数字化智能化改造，比如智能交通、智能电网等。新基建可以发挥投资带动效应，为传统产业转型升级提供支撑。要制定加快新型基础设施建设和发展的意见，鼓励市场主体广泛参与新型基础设施建设，推动政府和社会资本合作，以更好对接终端需求，提高投资效率和技术先进性。要进一步加强5G、数据中心、工业互联网、物联网等新型基础设施建设，实施全国一体化大数据中心建设重大工程，加快布局区域级数据中心集群和智能计算中心，推进身份认证和电子证照、电子发票等应用基础设施建设。持续提升高速宽带网络能力，加快推动信息基础设施普惠化，在拓展"互联网+"应用中不断缩小"数字鸿沟"，加快数字乡村建设，让数字经济红利惠及更广大人民群众。

二是加快推进技术创新。数字经济本质是创新经济，要突破核心关键技术，加强基础研究，增强原始创新能力，获得产业新优势。要遵循技术发展规律，围绕数字经济发展重大需求和关键领域，强化核心技术攻关，提升数字技术供给能力和工程化水平。要大力提高数字技术研发能力，加大研发投入和攻关力度，解决基础软件、高端芯片、核心元器件等关键核心技术"卡脖子"问题。要补齐产业基础能力短板，聚焦集成电路、基础软件、重大装备等重点领域，补齐基础零部件、关键基础材料、基础工艺、产业技术基础等短板，提高产业链现代化水平，增强产业链上下游技术合作攻关。

三是持续深化产业融合。我国拥有丰富的数字化应用场景和巨大的市场规模。要深入推进"上云用数赋能"，实施数字化转型伙伴行动，中小企业数字化赋能专项行动和数字经济新业态培育行动，加快数字经济创新发展试验区建设，推动制造、商贸流通等经济社会重点领域数字化转型，加快培育一批吸纳就业能力强的数字经济产业。加快传统产业数字化转型，布局一批国家数字化转型促进中心，鼓励发展数字化转型共性支撑平台和行业"数据大脑"，推进前沿信息技术集成创新和融合应用。

四是促进要素资源流通。伴随着信息化、智能化深入发展，以大数据为代表的信息资源向着生产要素的形态演进，数据对其他要素效率有倍增作用，对生产力发展有广泛影响。要破除阻碍数字经济发展的体制制度障碍，健全数字经济法律法规和标准体系。实施数据要素市场培育行动，探索数据流通规则，深入推进政务数据共享开放，开展公共数据资源开发利用试点，建立政府和社会互动的大数据采集形成和共享融通机制，为数字经济蓬勃发展创造更好条件。

五是不断加强人才培养。数字经济的发展和壮大，需要一批高素质的人才作支撑。要完善学科专业设置，加强软件、集成电路、人工智能、云计算、大数据等紧缺人才培养，深化产教融合、校企合作，加大复合型、应用型人才培养力度。要聚焦数字化前沿方向和关键领域，培养一支世界水平的科学家队伍、一批科技领军人才和创新团队。

三、河北省拥抱数字经济新蓝海

近年来，河北省以数字经济为突破口，推进供给侧改革和高质量发展，实现新旧动能的转化，推动河北迈入数字经济新蓝海。2019年，河北省成功举办数字经济博览会，并永久落户，展示全球前沿科技成果，搭建交流合作平台，凝聚数字经济创新要素，共享新时代数字经济发展新机遇。

（一）河北省数字经济发展成绩

河北省数字经济发展的基础条件良好、空间巨大，是新时期深化全省供给侧结构性改革、推动经济高质量发展的重要支撑。全省抢抓数字经济发展新机遇，2019年数字经济增加值超过1万亿元，占GDP比重超过30%，增速超过15%，数字经济成为引领经济社会发展的新增长级。

一是信息基础设施建设成绩突出，为数字经济发展提供重要支撑。截至2019年底，全省互联网省际出口带宽、光缆线路总长度、移动电话基站、互联网宽带接入端口、固定宽带接入用户数均居全国第7位，IPTV用户数居全国第6位，互联网普及率超过全国平均水平，全省行政村光纤宽带通达率、4G信号覆盖率达99%以上，车载智能终端、医疗健康服务、智能城市建设等垂直领域的物联网终端用户数居全国第10位。雄安新区、石家庄、张家口崇礼以及京张高铁沿线4个区域纳入5G试点范围，各市主城区5G网络建设大规模展开。

二是数字产业化发展不断突破，竞争力不断增强。2018年年末，全省信息传输、软件和信息技术服务业法人单位3.91万个，相比2013年年末增加3.49万个；从业人员26.1万人，增长135.2%。京津冀大数据综合试验区建设成效显著，张家口、承德、廊坊等大数据示范区初步建成，在线运营服务器规模突破120万台，国内外一批行业龙头企业进驻河北。鹿泉光电与导航、固安新型显示等一批战略性新兴产业示范基地加快建设。科研机构科技成果产业化步伐加快，阿里巴巴、腾讯、华为等企业与河北的合作进一步深化。东旭集团、晶龙实业、风帆公司和中国乐凯4家企业入围2019中国电子信息百强企业，中移系统集成有限公司入围2019中国软件与信息技术服务百强企业。

三是产业数字化步伐加快，互联网与各领域深度融合。全省2018年两化融合发展指数从2012年的59提高到80。2019年全省电子商务网络零售额同比增长19.1%。省、市、县、乡四级农业信息服务体系基本建立，省级农业数据中心和"农业云"初步建成，物联网在高端蔬菜生产、禽畜养殖等方面得到广泛运用。"互联网+"行动计划、工业诊所"百千万行动"等深入实施，155家企业成为两化融合管理体系贯标国家试点。全省累计培育企业级、行业级工业互联网平台54家，中信戴卡、河钢集团等企业积极建设数字化车间。

四是推进数字化治理，数字政府建设成为亮点。河北省政府以政府治理数字化，推动经济社会的数字化，全面提升政府行政效率、服务水平和治理能力。2019年，各地各部门依托省级共享平台深入推进政务服务、社会保障、综合治税、低保扶贫、社会信用等业务领域的应用，全年累计交换数据超1.8亿条，跨区域、跨部门、跨层级的交换共享体系初步形成。统筹推进电子政务集约化建设，省政务云已由独家服务升级为双服务商共同提供服务，实现了省级政务云由单核驱动到多核并行的跨越式发展，截至2020年3月31日，共有65个省直部门、392个应用系统上云运行，开发"冀时办"APP，接入各类政务服务便民应用940余个，1024项省级政务服务事项实现"指尖办"。推进"互联网+监管"系统建设，实现监管过程可追溯、问题可监测、风险可预警。

9. 腾"云"而起

> **资料链接**
>
> ### 2019中国国际数字经济博览会
>
> 2019年10月11~13日，2019中国国际数字经济博览会（以下简称"数博会"）在石家庄正定圆满举办。本届数博会以"数字经济引领高质量发展"为主题，坚持"国际化、专业化、高端化、产业化"原则，以展览、论坛、项目三位一体组织实施。作为全国数字经济最新成果展示的国家级平台和全球数字经济交流合作的世界级平台，数博会吸引北京、天津、深圳、广东、山东、浙江等15个省份的企业参展，美国、德国、英国、法国、日本等数字经济强国企业参展，27个国家和国际组织的近200位嘉宾前来参会。
>
> 2019年10月11日开幕当天，习近平总书记向大会发来贺信强调："中国高度重视发展数字经济，在创新、协调、绿色、开放、共享的新发展理念指引下，中国正积极推进数字产业化、产业数字化，引导数字经济和实体经济深度融合，推动经济高质量发展。"
>
> 数博会期间，全省签约项目约150个，签约总金额超1500亿元。其中，省政府与阿里巴巴集团签署"1+7"合作协议，与腾讯、京东、浪潮等企业签署战略合作协议，与中国电信、中国联通、中国移动、中国铁塔签署推进5G发展战略合作协议，签约金额约600亿元。全省各地各部门积极、主动打开开放大门，拥抱新机遇，与相关企业签署合作协议。同时，河北还发布了信息技术制造、大数据、云计算、物联网、人工智能、"互联网+"等领域的232个重点招商引资项目，投资规模达5200亿元。

（二）河北省发展数字经济的主要任务

数字经济是引领未来的新经济形态，也是经济转型发展的新蓝海。

全国多个省份都在加大数字经济发展力度,加快传统产业数字化转型,把建设数字强省视为赢得新一轮竞争的强大武器。坚决贯彻落实习近平总书记关于数字经济发展的重要论述,推动河北迈入数字经济新蓝海,既是践行新发展理念、实现高质量发展的根本要求,也是更好造福人民的必然选择。

一是构建现代化的数据资源体系。2020年4月,党中央、国务院《关于构建更加完善的要素市场化配置体制机制的意见》提出,推进政府数据开放共享,提升社会数据资源价值,加强数据资源整合和安全保护。要积极培育数字要素市场。建设大数据交易中心,探索建立数据要素定价机制,优化数据交易、结算、交付、安全保障等功能,促进数据资产市场化流通。要提升数据资源采集和分析能力。健全数据资源标准规范,完善全省宏观经济、法人、公共信用、电子证照等基础数据库,拓展数据资源采集渠道,建设行业数据库。要加快公共数据资源有序开放。研究制定公共数据开放标准、开放目录和开放计划。要建设新型、融合、集约、绿色的数字应用设施。优化互联网数据中心(IDC)的布局和建设,鼓励绿色节能技术推广应用,优化云计算基础设施布局,规范发展公共云平台市场服务体系。要推动大数据创新应用。在钢铁、汽车制造、生物医药、现代农业和文化旅游等领域实施大数据应用示范工程,推动大数据在产业链各环节、产品全生命周期的应用。

二是推进发展新一代信息技术产业。新一代信息技术产业在稳增长、促转型、育动能中的作用突出,不仅将支撑未来的可持续发展,还关系到经济发展和社会稳定,要推动新一代信息技术产业向纵深发展。要大力发展通信设备制造业。面向能源、交通、制造、医疗、教育等行业特色应用,加快发展一系列具备联网、计算、优化功能的新型智能终端,引进电子信息制造业企业,深化与国内电子信息制造龙头企业的合作,重点突破智能控制、智能传感、工业级芯片等与网络通信模块的集成创新。要培育壮大半导体器件产业。创新成果转化体制机制,推进中电科13所、54所、中船重工718所三所科技成果产业化,激活创新资源，大力发展第三代半导体材料及器件。要做大做强新型显示产业。依托优势企业和高成长性企业，引导支持企业加快新型背板、超高清、柔性面板等量产技术研发。还要加快发展软件和信息技术服务业、积极布局区块链、发展网络安全产业。

三是加快制造业数字化转型。河北省制造业企业信息化建设水平较低，工业各行业信息化程度参差不齐，中小企业数字化改造动力不足，生产环节的数字化、网络化、智能化程度较低。产业数字化是数字经济的重要内容，加快制造业数字化转型、推进传统产业数字化改造，对于释放经济增长潜力意义重大。要建立健全工业互联网平台。推进行业级、企业级、综合性工业互联网平台建设，实施"企业上云"行动，推进云计算广泛覆盖，推广设备联网上云、数据集成上云等深度用云，建立健全工业互联网安全保障体系。要实施智能化改造。在钢铁、建材、石化、机械等传统行业，大力推进"机器人+"，加快实现钢铁工业数字化、汽车制造业数字化，加快智能制造单元、智能生产线、数字化车间建设，加快应用智能大脑等技术提升智能化水平，推进智能化、数字化技术在研发设计、生产制造、市场营销等各环节的融合应用。要推进网络化协同制造。支持企业建设协同研发设计平台和网络化开放式定制平台，在机械、汽车、服装等行业推广网络协同设计等，在钢铁、石化、建材等行业开展基于互联网的供应链管理模式创新试点。要发展服务型制造，深化制造业与互联网融合发展，大力发展网络化协同研发制造、规模个性化定制、云制造等智能制造新业态。

四是构建数字经济发展的创新体系。当前，创新体系不完善，创新能力不足仍是数字经济发展面临的短板与挑战，例如关键核心技术不足，高端芯片与发达国家差距较大，工业软件领域还有空白。要提升产业创新能力。谋划建设智能云平台、生物医学大数据等科技基础设施，鼓励企业开展产学研合作，建设产业创新中心、制造业创新中心、重点实验室等。要实施重大科技专项攻关。实施创新能力建设工程，组织实施重大科技基础研究、科技攻关和示范应用工程，在人工智能、云计算、网络安全、集成电路、核心元器件领域突破一批核心关键技术,形成一批重大创新成果。要强化基础理论和科学研究。支持省属重点高等学校面强化数字领域的重点学科建设,加强与国内外知名院校合作,加快雄安新区科研机构和高校建设,还要重视人才要素资源支撑,实施人才引进培育工程,打造一支素质优良、富有活力的数字经济人才队伍和职业经理人团队。

五是加快服务业数字化发展。全省经济发展正处于转型升级和提质增效的重要阶段,加快推动服务业数字化、网络化、智能化,对于创新服务业发展方式、促进服务业转型升级,进而保持河北省经济稳步增长、推动产业迈向中高端意义重大。要推进生产性服务业数字化发展。加快数字技术与交通、物流、港口及设计咨询等生产性服务业深度融合,发展智慧交通、智慧港口、智慧物流、智慧旅游、智慧医疗、智慧教育等。要大力发展数字金融。支持金融机构依法合规建设创新型互联网金融平台,稳妥推动网络银行、网络证券、网络保险等业务,规范发展互联网支付业务等新型金融业态。要推进生活性服务业智能化发展,鼓励骨干商贸企业及传统便利店加快智慧化升级,支持终端店面、超市等市场主体依托电商平台创新服务内容及模式。要加快发展电子商务。深化重点企业和专业市场电子商务应用,推广定制化生产和精准营销新模式,推动县域特色产业集群电商化发展,积极推进石家庄、唐山等跨境电子商务综合试验区建设,打造综合公共服务平台。要大力发展数字文化创意服务。充分挖掘河北省优秀文化资源,支持发展动画动漫、网络游戏、数字化内容制作等数字服务创意,积极承接北京产业转移,实施文化共享工程,完善文化惠民消费信息平台功能。

六是推进农业数字化转型。推进农业数字化转型,是贯彻落实数字乡村发展战略的具体实践,将继续促进数字经济向农村延伸,不断打开"下沉市场"的广阔空间。要构建农业农村信息服务系统。依托省级"1+4+N"智慧农业云平台,完善1个省级农业农村大数据中心,构建数字资源体系,完善生产、经营、管理、服务4个应用体系,全面提升农业农村部门服务、监管、决策分析能力，完善 N 个涉农业务系统。要推广农业物联网应用。建设完善省级农业物联网综合管理平台，持续提升平台支撑能力，推进农业单品种从生产、加工、流通、销售、消费的全产业链大数据建设，加快数字信息技术综合应用，依托河北省农业设施，加大农业物联网应用试点示范推广力度。要大力发展农村电商。指导新型农业经营主体对接国内电商平台，深化农业龙头企业和特色农产品品牌展销合作，加大河北农业品牌推介和溯源平台建设力度，培育"互联网+订单农业"，鼓励农业龙头企业与互联网企业合作，建立产销衔接服务平台。要丰富信息惠农服务。深入推进信息进村入户工程，提升"12316"三农热线服务能力，建设全省农产品质量安全监管追溯平台，加强省、市、县三级农产品质量安全追溯信息共享建设。

七是培育新业态新模式。河北省新业态新模式发展比较缓慢，人工智能、区块链、新零售等互联网新业态、新模式原创少，缺少共享经济、平台经济等领域的优势企业。要推广无人超市、智能便利店、自助售货机等新零售模式。要发展数字贸易。加快中国（河北）自由贸易试验区雄安、正定、曹妃甸、大兴机场等片区建设，支持发展数据服务外包业务，探索数据资产交易、数字化贸易等高端贸易业态。要培育共享经济和平台经济。面向初创企业加快创业要素分享，培育发展共享出行、共享租住、共享物品等新兴业态，支持河北省钢铁、建材、医药、化工优势企业与互联网企业深度合作，打造协同制造平台、物流平台、电商平台。

10 千磨万击还坚劲

——下好全面深化改革先手棋

习近平总书记在中央全面深化改革委员会第十四次会议上强调,胜利完成"十三五"规划主要目标任务、决胜脱贫攻坚、全面建成小康社会,乘势而上开启全面建设社会主义现代化国家新征程,必须发挥好改革的突破和先导作用,依靠改革应对变局、开拓新局,坚持目标引领和问题导向,既善于积势蓄势谋势,又善于识变求变应变,紧紧扭住关键,积极鼓励探索,突出改革实效,推动改革更好服务经济社会发展大局。

改革越到深处,越要担当作为、蹄疾步稳、奋勇前进,不能有任何停一停、歇一歇的懈怠。政府工作报告指出,困难挑战越大,越要深化改革,破除体制机制障碍,激发内生发展动力。市场主体越有活力,经济发展的动能越充足。在当前做好"六稳"工作、落实""六保"任务中,努力稳定市场主体的活跃度,要靠推进改革走深走实,大力破除体制机制障碍,要深化放管服改革、推进要素市场化配置改革、提升国资国企改革成效等,让市场在资源配置中起决定性作用、更好发挥政府作用，增强发展新动能。

一、围绕市场主体关切，深化"放管服"改革

简政放权、放管结合、优化服务改革，是全面深化改革的重要内容，也是激发市场活力和社会创造力的关键举措。我们必须聚焦市场主体关切，坚持不懈推进"放管服"改革，持续打造市场化、法治化、国际化的营商环境，更大激发市场活力和社会创造力。

（一）全面认识当前深化"放管服"改革的意义

近年来，我国持续推进"放管服"改革，营商环境日益优化，2019年我国营商环境全球排名第31位，较2018年提高15个位次，连续两年入列营商环境大幅改善的十大经济体。但目前仍存在体制机制障碍和束缚，抑制了市场主体的发展活力和内生动力，持续推进"放管服"改革，意义重大。

一是在常态化疫情防控背景下，释放市场主体活力。亿万市场主体是经济发展的活力之源。受疫情影响，特别是全球疫情持续扩散蔓延，世界经济衰退和经贸形势变化对我国经济运行产生较大影响。加大"放管服"改革力度，以改革红利释放的可预期性应对外部环境的不确定性，消除市场主体生产经营活动的羁绊，消除生产要素合理流动与配置的障碍，进一步降低制度性交易成本，既有利于稳住存量、把现有市场主体的活跃度提高，也有利于扩大增量、培育和壮大新的市场主体。

二是加快补齐营商环境短板，增强国际竞争力。资金和人才会向营商环境好的地方聚集。近年来，越来越好的营商环境为市场主体蓬勃发展提供了肥沃土壤，自2020年1月1日起，国务院颁布的《优化营商环境条例》（国令第722号）正式施行。这是我国第一部专门针对营商环境的行政法规，为优化营商环境提供了强有力的制度保障。目前，我国营商环境有些领域还存在突出短板和薄弱环节，例如，一些指标排名

靠后，地区间营商环境发展也不平衡。同时，其他新兴经济体国家在优化营商环境方面的激烈日益竞争。只有坚持问题导向、对标国际先进，努力打造市场化、法治化、国际化的营商环境，才能进一步提振国内外投资者信心，保持和增强我国投资环境吸引力和竞争力。

三是持续推进政府职能转变，提升政府治理水平。党的十九届四中全会指出，要"坚持和完善中国特色社会主义行政体制，构建职责明确、依法行政的政府治理体系"。"放管服"改革是加快转变政府职能的重要抓手，政府把不该管也管不好的事项交给市场和社会，着力加强事中事后监管和公共服务，能够更好履行政府职责。政府对经济运行具体领域的干预还存在越位包办或者不到位的现象，市场机制中还存在运行不畅、竞争不公平等问题，这影响了企业投资兴业和群众创新创业。要持续深化"放管服"改革，着力优化政府职责体系，最大限度减少对市场资源的直接配置，最大限度减少对市场活动的直接干预，推动政府治理能力和水平不断提升。

（二）做好三个围绕，全面深化"放管服"改革

为了更好地激发市场主体活力，补足当前我国营商环境的突出短板，提升政府治理能力，要围绕便利企业和群众兴业投资、创造更加有效的市场监管环境和打造更有效率的数字政府，在全面深化"放管服"改革上取得更大突破。

（1）围绕助力企业和群众兴业投资，加大简政放权力度。简政放权在部分领域还存在显性或隐性的准入壁垒、不合理的审批许可、烦琐的程序环节等问题。要做好"减"法，坚持"简"字当头，把该放的权彻底放出去、该减的事项坚决减下来、该清的障碍加快清除掉，畅通企业和群众兴业发展之路。

一要推动在疫情防控期间符合简政放权方向的措施常态化、制度化。在坚决打赢疫情防控阻击战和统筹推进疫情防控和经济社会发展的实践中，全国各地方、各部分为促进防疫物资生产、加快重点项目建设等，在进一步压缩审批事项、下放审批权限、后置审核、容缺审批、告知承诺等方面不断创新方式、推进改革，要把这些改革举措梳理总结并力争形成制度化成果。

二要推动解决企业"准入不准营"的痛点和堵点。解决这个问题的一个关键举措就是推行"证照分离"改革，2019年有关部门已梳理出中央层面涉企经营许可事项523项，全部纳入清单管理。现在采取直接取消审批、审批改为备案、实行告知承诺这三类改革方式的事项仅占15%左右，下一步要着力推进照后减证和简化审批，继续提高这三类事项占比，尤其是增加告知承诺办理的事项数量，促进更多新企业开办和发展壮大。自2019年12月1日起"证照分离"改革在所有自贸区推开，2020年要力争在全国实现全覆盖。此外，还要进一步深化商事制度改革、便利企业开办，要修订出台《市场准入负面清单（2020年版）》，进一步缩减清单事项，推动"非禁即入"普遍落实。

三要推动更多工程项目进入审批"快车道"。项目早落地才能早实现效益。目前，一些建设项目审批流程依然烦琐，有的地方将部分流程放到"体外循环"，实际审批时间仍然较长。要继续深化改革，基本建成全国统一的工程建设项目审批和管理体系。要压缩全链条审批时间，精简合并事项，落实并联审批、联合审图、联合竣工验收、区域评估、告知承诺制等改革任务。

四要放宽企业登记经营场所限制，为创业发展开辟新空间。经营场所是企业登记注册的核心条件之一。有的地方对经营场所权属性质、用途功能、周边环境等限制过多、审查过严，而符合条件的商用办公场所又往往租金高昂，抬高了企业特别是小微企业、个体工商户的创业成本。有的创业者因为难以登记，处于无照经营状态，难以享受各项助企纾困扶持政策。针对这些情况，要放宽小微企业、个体工商户登记经营场所限制。分行业、分业态释放场所资源，继续放宽登记注册条件，降低登记经营成本，方便各类市场主体创业发展。

> **政策传真**
>
> 2019年8月8日，国务院办公厅印发《关于促进平台经济规范健康发展的指导意见》（国办发〔2019〕38号）规定：推进平台经济相关市场主体登记注册便利化。放宽住所（经营场所）登记条件，经营者通过电子商务类平台开展经营活动的，可以使用平台提供的网络经营场所申请个体工商户登记。指导督促地方开展"一照多址"改革探索，进一步简化平台企业分支机构设立手续。

（2）围绕促进市场公平竞争，强化公正有效监管。政府大量审批事项取消下放的同时必须加强事中事后监管，确保市场活而不乱、稳而不僵。要落实监管责任，创新监管方式，做到既"无事不扰"又"无处不在"。

一要推动"双随机、一公开"监管全覆盖。"双随机、一公开"作为监管机制的基本手段，通过小范围的抽查起到了大范围的震慑作用。当前，部分地方监管执法部门为降低被问责风险，在推行随机抽查的同时仍大量部署拉网式、地毯式排查，增加了对企业的烦扰，还有一些监管领域、事项还未纳入"双随机、一公开"范围。针对这些问题，要实现市场监管领域相关部门"双随机、一公开"监管全覆盖，除直接涉及公共安全和人民群众生命健康等特殊行业、重点领域外，所有涉企检查都应通过"双随机、一公开"方式进行。要结合各行业实际情况，抓紧细化明确监管履职标准和评判界线，建立尽职免责具体办法，消除监管人员的后顾之忧。

二要完善信用监管制度。将"双随机、一公开"监管与信用监管结合，把企业的信用等级、风险程度作为随机抽查频次的重要依据，督促行业和企业加强自律。要总结经验教训，加快推进社会信用体系建设，抓紧完善信用评价、使用、修复等具体制度安排，依法规范失信行为和信用惩戒的认定标准和程序，使市场主体有明确预期并易于遵循。

三要积极采用现代技术探索创新监管方式。继续发挥"互联网+监管"在疫情防控中的积极作用,并推动其在金融、食品安全、危化品生产等其他领域的应用,加强各类监管数据归集共享,建立完善相关风险预警模型。要加快推进地方和部门"互联网+监管"系统建设并与国家系统对接联通,基本建成全国一体化在线监管平台,加快实现"一网通管"。

(3)围绕便利企业和个人办事,加快建设数字政府。在线政务服务是提升政府服务水平的重要手段。要加快推进在线政务服务发展,打造24小时"不打烊"的数字政府,不断提升市场主体办事的"用户体验"。

一要推动更多服务事项一网通办。目前,很多地方和部门依托政务服务网站、移动客户端等推出了网上办、掌上办、预约办、自助办、邮寄办等"无接触"式服务,受到普遍欢迎。要推动更多服务事项一网通办。要提升全国一体化政务服务平台功能,加快实现各省(区、市)和国务院部门政务服务平台与国家政务服务平台应接尽接,促进政府平台与企业、社会平台融通互补,开发更多适应企业和群众需要的模块功能。要推进各地政法务服务标准化建设,除有保密等特殊要求的事项外,加快政务服务事项"四级四同",即同一事项名称、编码、依据、类型在国家、省、市、县四级统一,推进各地政务服务事项无差别受理、同标准办理。

二要促进数据信息联通共享。长期以来,各地区数据不能互通互认的问题普遍存在,成为阻碍在线政务服务发展的突出瓶颈。要更大力度推动央地数据共享,出台新一批国务院部门数据共享责任清单,将更多直接关系企业和群众办事、应用频次高的数据纳入共享范围。加快建立权威高效的数据共享协调机制,进一步简化共享流程、提升数据质量,做到限时受理、批量授权。推动电子证照等跨地区跨部门共享和全国范围内互信互认,为异地办事创造条件。

> **地方实践**
>
> ### 广东"互联网+政务服务"创新案例
>
> 深圳市盐田区"精准提质、智能升级"主动上门政务服务荣获广东省政务服务优秀政府案例奖。盐田区通过"深圳市社区网格综合管理信息系统"筛选出辖区所有60周岁以上老年人信息,同时通过政务服务业务系统整理出这些老年人可办理的政务服务事项以及可享受的服务和福利,如敬老优待证、养老保健金、高龄老人津贴等事项,经与民政局"深圳民政电子政务系统"的业务办理数据进行比对,精准定位可办、需办相关业务的老年人,然后由网格员、社区工作人员上门派发《上门服务温馨提示》,或电话主动征求长者意见,主动提醒长者应办未办事项,并确认其是否需要提供上门服务。

二、以要素市场化改革充分激发要素潜能和活力

资本、土地、人才、技术、数据作为重要的生产要素,其配置效率直接关系经济社会发展。推进要素市场化配置改革,是建设统一开放、竞争有序市场体系的内在要求,也是当前有效激发各类要素的潜能和活力、增强发展新动能的重要举措。2020年3月30日,党中央、国务院印发《关于构建更加完善的要素市场化配置体制机制的意见》,这对于深化要素市场化配置改革,提高要素配置效率,推动经济发展质量变革、效率变革、动力变革具有深远意义。

(一) 充分认识要素市场化配置改革的重要性

实现要素市场化配置,无论是从长远调结构、增后劲看,还是从当前激活力、稳增长看,都具有重要意义。

一是促进深化经济体制改革，建设高标准市场体系。完善的现代市场体既包括发达的商品市场还包括健全的要素市场。与商品市场相比，场化配置程度总体不高，要素市场体系尚不完善，要素市场建设仍相对滞后，数据等新型要素的市场规则缺失，要素大量闲置与有效需求大量得不到满足并存，已经成为高标准市场体系建设的一个突出短板。党的十九大明确将要素市场化配置作为经济体制改革的重点之一，要求经济体制改革必须以完善产权制度和要素市场化配置为重点。党的十九届四中全会进一步要求，推进要素市场制度建设实现要素价格市场决定、流动自主有序、配置高效公平。党中央国务院印发《关于构建更加完善的要素市场化配置体制机制的意见》，为不同要素领域的改革指明了方向，将进一步完善要素价格形成机制和市场运行机制。

二是推进解决经济结构性矛盾，推动高质量发展。近年来，我国经济结构出现的失衡、过剩产能难以退出、上市企业退出机制不畅等问题，都与要素市场不健全有很大关系。其深层次原因是土地、资金、劳动力等要素跨行业跨区域流动存在障碍，例如，城乡土地市场分割，股票发行和退出制度不健全，信贷资源配置重抵押、轻信用，人口落户存在地域限制等，于是带来一系列经济结构性矛盾和问题。加快形成市场决定要素配置的机制，释放错配的资源，将促进生产要素从低质低效领域向优质高效领域流动，由此提升宏观配置效率。

三是推动要素活力竞相迸发，实现创新驱动。当前，我国经济处于创新驱动发展的关键阶段，需要激发技术、管理、知识等现代生产要素的活力，发挥数据等新型生产要素对其他生产要素的效率倍增作用。这就需要对相关产权制度、交易规则、价格机制等作出符合经济发展规律的改革，保障不同市场主体平等获取生产要素，推动要素配置依据市场规则、市场价格、市场竞争实现效益最大化和效率最优化，使之成为推动经济发展的强大动能，让一切创造财富的源泉充分涌流、一切创新活力竞相迸发。

四是助推转变政府职能，优化营商环境。市场配置资源是最有效率的形式。目前，我国还存在要素市场体系不完善、政府干预过多和监管不到位等问题。推动要素市场化配置改革,就是要处理好政府与市场的关系,转变政府职能,实现政府发挥作用的方式从"定价格"转变为"定规则",成为要素市场化配置的规则制定者、秩序维护者、环境保护者,为市场主体打造公平竞争的市场环境,提高资源尤其是稀缺资源的配置效率。

(二) 充分激发各类要素潜能和活力

当前,在资本、土地、劳动力、技术、数据等要素市场领域,存在的体制机制障碍,也是深化改革的重点任务和方向,要协力推进,充分激发各类要素潜能和活力。

一是积极推进资本要素市场化配置改革。金融活,经济活;金融稳,经济稳。金融是实体经济的血脉。当前,要着力推动中小银行补充资本和完善治理,改革创业板并试点注册制,发展多层次资本市场,强化保险保障功能,以关键制度创新推动资本要素更好地服务实体经济。

一要深化中小银行改革,增加有效金融服务供给。中小银行包括城商行、农商行、民营银行、村镇银行等,在扎根服务地方经济、支持中小微企业发展方面具有独特作用,是践行普惠金融,服务民营、中小微企业和"三农"的重要力量。目前多数中小银行外源融资能力不足,补充资本的工具有限,还存在公司治理机制不健全、风险控制能力低、业务模式和产品结构相对单一等问题。要瞄准短板,创新发展更多适合的资本补充工具,降低资本补充门槛,提高中小银行的信贷能力。要把中小银行资本补充与改进公司治理、完善内部管理结合起来,解决好信贷成本、股东关联交易和内部人控制等突出问题。

> **政策传真**
>
> 为促进金融机构更好服务小微企业,2020年年初,我国将普惠金融在银行业金融机构分支行综合绩效考核指标中的权重提升至10%以上,将中小银行拨备覆盖率监管要求阶段性下调20个百分点。

二要完善股票市场基础制度。股票市场是国民经济的"助推器"。要坚持市场化、法治化改革方向,完善股票市场基础制度,发展多层次资本市场,推进创业板改革并试点注册制,推动发行、上市、信息披露、交易、退市等基础性制度改革,找准定位,办出特色,推动形成与其他板块各有侧重、相互补充的适度竞争格局。

三要强化保险保障功能。保险在经济发展中有"保障器"和"稳定器"作用。要完善保险经济补偿机制,加强风险保障功能,鼓励保险机构有针对性地开发符合中小微企业需求的保险产品,支持实体经济发展和民生改善。要在总结税延养老保险试点经验的基础上,加强制度供给,引导保险机构质、量并重,加快补上人才、技术、经营管理等短板,创新产品、改善服务,更好满足人民群众在健康、养老、教育等方面的保险保障需求。

二是推进土地要素市场化配置。土地是最基本的生产生活要素。科学配置土地资源,是深入推进新型城镇化的重要途径,也是有效保障国家重大战略和基础设施建设用地需求的客观需要。要赋予省级政府建设用地更大自主权,完善土地利用计划管理,实施年度建设用地总量调控制度,增强土地管理灵活性。要深化产业用地市场化配置改革,调整完善产业用地政策,创新使用方式推动不同产业用地类型合理转换,探索增加混合产业用地供给。要强化重大项目建设用地用海等要素保障,畅通审批绿色通道。要积极完善乡村产业发展用地政策体系,明确用地类型和供地方式,实行分类管理。

政策传真

《中共中央国务院关于抓好"三农"领域重点工作确保如期实现全面小康的意见》指出,在符合国土空间规划前提下,通过村庄整治、土地整理等方式节余的农村集体建设用地优先用于发展乡村产业项目。新编县乡级国土空间规划应安排不少于10%的建设用地

> 指标，重点保障乡村产业发展用地。省级制定土地利用年度计划时，应安排至少5%新增建设用地指标保障乡村重点产业和项目用地。农村集体建设用地可以通过入股、租用等方式直接用于发展乡村产业。

三是促进人才流动。劳动力在各生产要素中是最活跃的。党的十九大报告明确提出，要破除妨碍劳动力、人才社会性流动的体制机制弊端，使人人都有通过辛勤劳动实现自身发展的机会。要立足基本国情，把握发展规律，注重政府引导，搭建横向流动桥梁、纵向发展阶梯，激发全社会创新创业创造活力。要以户籍制度和公共服务牵引区域流动，试行以经常居住地登记户口制度，建立城镇教育、就业创业、医疗卫生等基本公共服务与常住人口挂钩机制，推动公共资源按常住人口规模配置。要以用人制度改革促进单位流动，加大党政人才、企事业单位管理人才交流力度，进一步畅通企业、社会组织人员进入党政机关、国有企事业单位渠道。要以档案服务改革畅通职业转换，要健全技术技能评价制度，畅通海外科学家来华工作通道等。

四是培育技术和数据市场。技术在创造社会价值和财富、解放和发展社会生产力方面，扮演着日益重要的角色。培育发展技术要素市场，要深化科技成果使用权、处置权和收益权改革，开展赋予科研人员职务科技成果所有权或长期使用权试点，健全职务科技成果产权制度。要激活中介服务活力，培育发展技术转移机构和技术经理人，支持科技企业与高校、科研机构合作建立技术研发中心和产业研究院等新型研发机构，加快推进应用技术类科研院所市场化、企业化发展，积极促进技术要素与资本要素融合发展。

数据作为新型生产要素，蕴含着巨大的社会、经济、科研价值，被称为数字经济时代的"石油"。要推进政府数据开放共享，优化经济治理基础数据库，加快推动各地区各部门间数据共享交换。要研究建立促进企业登记、交通运输、气象等公共数据开放和数据资源有效流动的制度规范，发挥行业协会商会作用，推动人工智能、可穿戴设备、车联网、物联网等领域数据采集标准化。要加强数据资源整合和安全保护，探索建立统一规范的数据管理制度，制定数据隐私保护制度和安全审查制度。

三、提升国资国企改革综合成效

国有企业是中国特色社会主义的重要物质基础和政治基础，是党执政兴国的重要支柱和依靠力量。在国企改革关键阶段，要坚持和加强党对国有企业的全面领导，坚持和完善基本经济制度，坚持社会主义市场经济改革方向，抓重点、补短板、强弱项，推进国有经济布局优化和结构调整，增强国有经济竞争力、创新力、控制力、影响力、抗风险能力。

国有企业改革是经济体制改革的重心和关键，要在已有工作基础上加大力度，组织实施国企改革三年行动，持续推进国企改革"1+N"政策体系落实落地，突出系统集成、协同高效，不断推动国企改革走深走实。

名词解释

"1+N"方案

"1+N"方案："1"是指2015年8月发布的《中共中央、国务院关于深化国有企业改革的指导意见》（中发〔2015〕22号），这是国企改革的纲领性文件。"N"是指以《指导意见》为引领、以若干文件为配套的国企改革顶层设计方案。出台的改革意见或方案共分为三类：第一类是改革完善国有资产管理体制、加强和改进企业国有资产监督防止国有资产流失、深化国有企业改革中坚持党的领导、加强党的建设等方面的专项意见；第二类是深化中央管理企业负责人薪酬制度改革等方面的方案；第三类是贯彻落实《指导意见》任务分工等方面的工作方案。

一是完善中国特色现代企业制度。探索建立现代企业制度，既要借鉴国际上成熟先进的现代企业制度的一般准则和规范，也要根据自身特点，把现代企业制度的一般原理与我国企业的具体实际相结合。习近平总书记曾指出，中国特色现代国有企业制度，"特"就特在把党的领导融入公司治理各环节，把企业党组织内嵌到公司治理结构之中，明确和落实党组织在公司法人治理结构中的法定地位，做到组织落实、干部到位、职责明确、监督严格。要全面落实两个"一以贯之"，把加强党的领导和完善公司治理统一起来。要健全以企业章程为基础的体系，强化制度执行，加快建立各司其职、各负其责协调运转、有效制衡的公司治理机制。企业党委（党组）把方向、管大局、保落实，董事会定战略、作决策、防风险，经理层谋经营、抓落实、强管理。董事会建设对企业十分重要，要认真落实董事会职权，健全外部董事选聘和管理制度，拓宽外部董事来源渠道，选聘一批现职国有企业负责人及专业人才任专职外部董事。要切实保障经理层依法行权履职，依法明确董事会对经理层的授权原则、管理机制事项范围、权限条件等主要内容，充分发挥经理层经营管理作用。

> **名词解释**
>
> 两个"一以贯之"：坚持党对国有企业的领导是重大政治原则，必须一以贯之；建立现代企业制度是国有企业改革的方向，也必须一以贯之。

二是深化混合所有制改革。推动混合所有制改革重在转换企业经营机制，要按照"完善治理、强化激励、突出主业、提高效率"的要求，支持混合所有制企业全面建立灵活高效的市场化经营机制。坚持"因地施策、因业施策、因企施策，宜独则独、宜控则控、宜参则参"，分层分类深化混合所有制改革。中央企业集团公司层面保持国有独资或全资，具备条件的可以引入其他国有资本实现股权多元化。地方国有企业集团公司层面结合实际探索推进混合所有制改革。积极推进商业一类子企业混合所有制改革，宜改则改，国有资本可以绝对控股、相对控股或者参股；稳妥推进商业二类子企业混合所有制改革，保持国有资本控股地位，支持非国有资本参股。稳妥开展混合所有制企业骨干员工持股，支持符合条件的企业在混合所有制改革过程中，骨干员工与非国有股东同股同价持有股权。

三是健全市场化经营机制。坚持市场化改革方向，要全面对照参与国际国内市场竞争的要求，加快形成反应灵敏、运行高效、充满活力的市场化机制。加大劳动、人事、分配三项制度改革力度，真正实现管理人员能上能下、员工能进能出、收入能增能减。对国有企业经理层成员实行任期管理，支持商业类子企业按照"市场化选聘、契约化管理、差异化薪酬、市场化退出"原则，加快推行职业经理人制度。国有企业职工招聘要透明，健全公开、平等、竞争、择优的市场化招聘制度，加快建立和实施以劳动合同管理为基础、以岗位管理为核心的市场化用工制度，大力推行员工公开招聘、管理人员竞争上岗、末等调整和不胜任退出等制度。完善市场化薪酬分配机制，调整优化工资总额管理方式，实行全员绩效考核，建立健全按业绩贡献决定薪酬的分配机制，建立具有市场竞争优势的核心关键人才薪酬制度，破除平均主义。推动薪酬分配向作出突出贡献的人才和一线关键岗位、苦脏险累岗位倾斜。

四是优化国有资本布局和结构调整。国有企业要服务国家战略，聚焦发展实体经济，要坚持以企业为主体、市场为导向，坚持有进有退、有所为有所不为。继续推动国有资本向关系国家安全、国民经济命脉的重要行业领域集中，向关系国计民生、提供普遍服务、应急能力建设和公益性的行业领域集中，向前瞻性战略性新兴产业集中。积极推进中央企业战略性重组，加强中央企业专业化整合，在一些重点领域培育若干专业化平台，有效发挥国有资本投资、运营公司在授权经营、结构调整资本运营等作用。支持中央企业与地方国有企业、国有企业与民营企业、外资企业之间按市场化原则有序重组整合，发挥各自优势，提高资源配置效率。深入推进"僵尸企业"处置工作，清理退出不具备优势的非主营业务和低效无效资产。继续推动国有企业进一步压缩管理层级，减少法人户数。

五是抓好国企改革专项工程。实施国企改革专项工程，有利于鼓励探索、以点带面、重点突破。深化国企改革"双百行动"，积极推动"双百企业"在混合所有制改革、全面建立市场化经营机制等方面率先突破。继续推进区域性国资国企综合改革试验，在深入推进上海、深圳、沈阳三地综合改革试验的基础上，配合国家重大区域战略，再选择部分地区开展综合改革试验。鼓励试验地区先行先试，加强改革系统集成，增强协同效应。

资料链接

国企改革"双百行动"

"双百企业"遴选标准有三条：一是有较强代表性。企业主营业务突出，原则上应当是利润中心资产具有一定规模，在行业发展中具有较强影响力。二是有较大发展潜力。企业可以是深化改革与经营发展形势较好的核心骨干企业，可以是面临激烈竞争、亟须通过改革提高效率、提升核心竞争力的企业，也可以是暂时处于困难阶段，但有计划、有信心通过改革实现脱困发展的企业。三是有较强改革意愿。企业主要负责人及业务部门能充分理解掌握国企改革精神，能敢为人先、勇于探索、攻坚克难，能在改革重点领域和关键环节率先取得突破。

河北省入选的6家企业为河北省资产管理有限公司、唐山钢铁集团有限责任公司、华北医疗健康产业有限公司（现变更为华北医疗健康产业集团有限公司）、河北建投国融能源服务有限公司、河北国控资本管理有限公司、秦皇岛港股份有限公司。

> 河北国控资本管理有限公司的《全面推进市场化经营机制改革，争做市场化改革尖兵》成功入选国务院国资委改革办编写的《改革样本——国企改革"双百行动"案例集》，这是河北省唯一入选的双百企业改革案例。

六是完善国资监管体制。国资监管机构要以管资本为中心，聚焦管好资本布局、规范资本运作、提高资本回报、维护资本安全。完善国资监管权力和责任清单，更加注重市场化、法治化方式实现监管目标，依靠公司章程和法人治理结构，采取行使股东权和发挥董事作用等手段履行好出资人职责，确保该管的坚决管好、不该管的坚决放权授权。要善于运用好信息化手段，大力推进信息化监管，健全企业"三重一大"、投资、财务、产权等监管信息系统，整合各类信息资源，完善实时在线的国资监管平台，实现对企业决策和运行重大事项的动态监测和实时监控。要加强业务监督、综合监督和责任追究，进一步完善业务监督、综合监督、责任追究三位一体的工作闭环，完善监督追责制度体系，加大对重大资产损失和违法违规行为的查处追责力度。

七是稳定国有经济增长。国有企业要克服疫情不利影响，顶住经济下行压力，在"六稳""六保"中发挥顶梁柱作用，为稳定经济基本盘作出更大贡献。深化供给侧结构性改革，千方百计开拓市场，生产销售更多消费者喜爱的产品，发挥在畅通产业循环、市场循环、经济社会循环等方面的引领作用。大力推进管理体系管理能力现代化，以管理提升促提质增效。坚持底线思维，不断提升企业内控体系有效性，密切关注资金风险，妥善防控债务风险，时刻注意投资风险，有效管控金融业务风险，严格控制法律合规风险，坚决防止企业重大经营风险和重大资产损失。

八是基本完成剥离社会职能和解决历史遗留问题。全面完成剥离国有企业办社会职能和解决历史遗留问题，是国有企业改革取得决定性成果的重要标志。要强化责任担当，全面推进国有企业退休人员社会化管理，进一步完善实施方案，积极推进交接工作，认真做好管理服务，2020年要确保完成主体工作。加快推动厂办大集体改革，聚焦重点攻坚克难，多措并举安置职工，努力解决好职工最关切的问题。继续做好国有企业职工家属区"三供一业"、市政社区分离移交、所办医疗教育机构深化改革扫尾工作，逐项排查突破未完成项目，巩固分离移交成果，依法履行相关程序，坚决防止国有资产流失。

九是提高核心竞争力。国有企业始终要聚焦主责主业，坚持创新驱动发展，加快提升企业技术创新能力，建立研发投入稳定增长的长效机制，在重要领域和技术前沿领域建设一批国家级研发平台，在核心技术攻关中发挥排头兵作用。围绕培育新动能，加快发展战略性新兴产业，加快发展集成电路、高端装备、新材料、新能源汽车、生物医药等产业，推动人工智能、区块链、云计算、物联网、大数据的技术研发和产业应用，打造一批有国际竞争力的先进制造业集群。围绕提升产业链水平，积极稳健推进国际化经营，保持国际产业链、供应链安全稳定。鼓励有条件的企业积极参与共建"一带一路"，加强与沿线国家和地区的战略对接，开拓多元化出口市场，扩大高附加值产品出口，不断拓展发展空间。

11 优化生产力布局
——加快落实区域发展战略

习近平总书记曾指出,统筹区域发展从来都是一个重大问题,推动区域协调发展对于优化生产力布局、形成优势互补高质量发展的区域经济布局和加快构建现代化经济体系具有重要意义。

区域是经济社会发展的空间载体。我国幅员辽阔、人口众多,各地区自然资源禀赋千差万别,由于地理和历史的因素,我国区域经济发展一直存在着明显的差距,区域发展不平衡不充分问题比较突出。实施区域协调发展战略是新时代国家重大战略之一,是贯彻新发展理念、建设现代化经济体系的重要组成部分。

一、区域发展战略的阶段和经验

新中国成立 70 多年来,我国根据不同的历史时期区域实际情况和经济社会发展需要,不断调整和创新区域发展战略。前 30 年,我们实行高度集中的计划经济体制,区域经济发展主要由国家重工业发展战略推动，采取的是均衡发展战略。改革开放后，我国开始实施向东倾斜的非均衡发展战略，从而促进了沿海经济的高速增长。20世纪90年代以来，我国区域发展战略转向协调发展，区域发展协调性显著增强。

（一）我国区域经济发展的阶段

党的十九大报告从我国区域发展新形势和社会主要矛盾变化的新要求出发，明确提出实施区域协调发展战略，成为新时代推动我国区域发展的重大战略部署。回顾我国区域经济发展，主要包括三个阶段。

一是区域经济均衡发展阶段。改革开放以前，我国的区域经济发展基本上采取的是均衡的发展战略，国家投资建设的重点在内陆地区。"一五"时期，苏联援建的156项重点工程，有70%以上布局在北方，其中东北占54项。后来，毛泽东同志在《论十大关系》中提出正确处理沿海工业和内地工业的关系。20世纪60年代中期，开展"三线"建设。在此阶段，中西部地区迅速建成了一批工业城市，带动了中西部地区基础工业的发展，使中西部地区的工业结构逐步趋于合理。这对于改变中西部地区的工业布局和推动地区经济社会发展具有至关重要的作用。总体而言，计划经济时期我国区域经济发展具有以下三个特点：一是从整个生产力布局来看，强调区域平衡发展。国家在投资的地区分配和项目选取上，强调缩小地区差距，这一定程度上缓解了区域发展不平衡的状况。二是在实行高度集中的指令性计划管理模式下，形成了高度垂直的区域分工结构。区域经济的组织和运行以垂直分工体系为主，区域间的横向联系较弱。三是在均衡发展目标的指导下，区域发展自成体系。有条件的省和自治区发展独立自主的工业体系，形成了较为雷同的地区经济产业结构。

11. 优化生产力布局

> **名词解释**
>
> ### 三线建设
>
> 1964年到1980年，在主要涉及中国中西部13个省区进行了一场以战备为指导思想的大规模国防、科技、工业和交通基本设施建设，史称三线建设。
>
> 三线，一般是指当时经济相对发达且处于国防前线的沿边沿海地区向内地收缩划分三道线。一线地区指位于沿边沿海的前线地区；二线地区指一线地区与京广铁路之间的安徽、江西及河北、河南、湖北、湖南四省的东半部；三线地区指长城以南、广东韶关以北、甘肃乌鞘岭以东、京广铁路以西，主要包括四川（含重庆）、贵州、云南、陕西、甘肃、宁夏、青海等中西部省区和山西、河北、河南、湖南、湖北、广西、广东等省区的后方腹地部分，其中西南的川、贵、云和西北的陕、甘、宁、青俗称为"大三线"，一、二线地区的腹地俗称为"小三线"。

二是区域经济非均衡发展阶段。改革开放初期，我国实施向东倾斜的区域非均衡发展战略，这是对以前区域均衡发展战略的调整。我国实施了设立经济特区、开放沿海城市等一系列重大举措，东部地区呈现加速发展态势。这一阶段主要以"梯度发展理论"为核心，以效率优先为基本指导思想，承认地区间发展非均衡的现实，强调遵循客观发展规律，打破了片面强调均衡的传统布局模式。同时，强调集中资金和资源重点发展，同时在地区间形成产业结构转换的连续关系，从而使产业空间分布与地区经济互相联系，产业结构与产业布局相结合，经济发展与产业政策相结合。在当时的历史环境下实施区域非均衡发展战略，不仅促进了东部率先发展，带动了整个国民经济发展水平的提高，而且推动了我国市场化改革的进程和全方位对外开放格局的形成。

三是区域经济协调发展阶段。20世纪90年代以来，我国开始对区域发展战略进行调整，把促进地区经济协调发展提到了重要战略高度，并确立了地区经济协调发展的指导方针。我国在继续鼓励东部地区率先发展的同时，相继作出实施西部大开发、振兴东北地区等老工业基地、促进中部地区崛起等重大战略决策。党的十八大以来，党中央从战略和全局的高度，提出了京津冀协同发展、长江经济带发展、粤港澳大湾区建设、长三角一体化发展等新的区域发展战略和共建"一带一路"倡议。2019年9月，黄河流域生态保护和高质量发展上升为国家重大战略，统筹东中西、协调南北方，进一步优化生产力布局。通过三大战略引领，实现四大板块和三大战略融合，推动形成以沿海沿江沿线经济带为主的纵向横向经济轴带，促进区域协调发展。

政策梳理

区域发展战略历程

区域发展战略一般指区域协调发展战略。区域协调发展战略是中共十六届三中全会提出的"五个统筹"之一。具体内容包括：积极推进西部大开发，振兴东北地区等老工业基地，促进中部地区崛起，鼓励东部地区率先发展，继续发挥各个地区的优势和积极性，通过健全市场机制、合作机制、互助机制、扶持机制，逐步扭转区域发展差距拉大的趋势，形成东中西相互促进、优势互补、共同发展的新格局。

中共十六届五中全会审议通过的《中共中央关于制定国民经济和社会发展第十一个五年规划的建议》中进一步提出，促进城镇化健康发展，坚持大中小城市和小城镇协调发展，提高城镇综合承载能力；继续发挥珠江三角洲、长江三角洲、环渤海地区对内地经济发展的带动和辐射作用；继续发挥经济特区、上海浦东新区的作用，推进天津滨海新区等条件较好地区的开发开放，带动区域经济发展。

中共十六届六中全会审议通过的《中共中央关于构建社会主义和谐社会若干重大问题的决定》再次提出，落实区域发展总体战略，促进区域协调发展，形成分工合理、特色明显、优势互补的区域产业结构，推动各地区共同发展。

2017年10月18日，习近平同志在十九大报告中指出，实施区域协调发展战略。加大力度支持革命老区、民族地区、边疆地区、贫困地区加快发展，强化举措推进西部大开发形成新格局，深化改革加快东北等老工业基地振兴，发挥优势推动中部地区崛起，创新引领率先实现东部地区优化发展，建立更加有效的区域协调发展新机制。

2018年11月18日，中共中央、国务院出台《关于建立更加有效的区域协调发展新机制的意见》。

2020年5月22日，国务院总理李克强在国务院政府工作报告中提出，加快落实区域发展战略。继续推动西部大开发、东北全面振兴、中部地区崛起、东部率先发展。深入推进京津冀协同发展、粤港澳大湾区建设、长三角一体化发展。推进长江经济带共抓大保护。编制黄河流域生态保护和高质量发展规划纲要。推动成渝地区双城经济圈建设。促进革命老区、民族地区、边疆地区、贫困地区加快发展。发展海洋经济。

（二）推动区域经济发展取得的重要经验

区域发展战略演变的各个阶段既一脉相承又各有侧重，表现出鲜明的时代特征与阶段性特点，对推动我国区域经济发展发挥了重要作用，积累了宝贵经验，主要体现为努力认识和正确处理以下四个方面的关系。

一是在区域运行机制上要正确处理政府与市场的关系。我国幅员辽阔，地域差异性较大。推动区域发展需要建立有效的协调发展机制，采取必要的调控措施。随着我国社会主义经济体制的不断改革和对中国特色社会主义市场经济体制的不断探索，在不同时期对区域发展战略的调整过程，实际上是不断地确立政府和市场各自发挥作用的范围和条件的过程。实践证明，区域经济发展要充分发挥市场在资源配置中的决定性作用，政府对区域经济发展的宏观调控必须以尊重市场经济客观规律为前提，只有这样，才能形成各具特色、有机统一的区域政策体系，促进区域经济的合理分工与协调发展。

二是在区域战略目标的选择上要正确处理效率与公平的关系。新中国成立之初到改革开放前，我国在区域经济发展上推行的是"公平优先"的均衡发展，虽然在集中资源、加快建立独立完整的工业体系方面发挥了重要作用，但是缺乏效率。改革开放以后，我们推行"效率优先"的非均衡发展，国民经济高速增长的同时带来了区域差距持续扩大的问题。协调"效率优先"与"兼顾公平"的关系，一直是我国区域经济发展战略调整中的一个重要问题。效率与公平之间相互依存，并具有内在的统一性，公平是效率提高的社会条件，效率是实现公平的物质基础。当前我国的区域发展战略，立足各区域实际，着眼于发挥各地区的比较优势，努力实现基本公共服务均等化，缩小区域发展不平衡的差距，正是体现了效率与公平的有机统一。

三是在区域空间布局上要正确认识均衡与非均衡的关系。均衡和非均衡是矛盾统一体，两者相互交替，不断推动区域经济发展从低水平向高水平迈进。由于各区域的时空背景、基础条件和发展潜力等客观因素存在差异，非均衡的情况是绝对的，区域经济发展中的均衡更应被看作是一个动态的过程，旧的均衡不断被打破，新的均衡不断建立，它是非均衡发展的最终结果。一个国家和地区在制定区域发展政策和规划时，简单地推行齐头并进，会导致区域低水平、低效率的均衡发展。从全局和长远看，地区之间的发展水平处于相对均衡状态时，社会经济的总体发展效益才能进入最佳状态，否则，低发展水平地区将会制约高发展水平地区的发展，从而最终制约全国的发展水平。

四是在区域管理模式上要正确处理中央与地方的关系。我国在不同时期对区域发展战略进行调整，也反映出中央与地方关系的变化。在实践中，我们既不能抑制地方经济的积极性和灵活性，又不能过多下放权力，造成各区域各自为政。中央与地方之间必须要进行科学合理的职责权限划分，坚决维护中央的权威，保证政令畅通，保障中央与地方都能充分发挥作用。

二、正确认识当前区域经济发展的新形势

新中国成立 70 多年来，我国区域经济协调发展取得了历史性成就，但依然存在一些需要解决的问题，推动区域经济协调发展仍然面临挑战。

（一）优势互补、高质量发展的区域布局正在逐步形成

近年来，随着我国区域协调发展战略稳步实施，各区域经济持续增长，各地比较优势逐步发挥，区域发展差距逐渐缩小，区域协调发展取得积极进展，协调性持续增强，优势互补、高质量发展的区域布局正在逐步形成。

一是四大板块联动发展。西部地区约占我国国土面积 70%，自然资源丰富，在区域发展中战略地位突出。东北地区是我国重要的工业和农业基地，维护国家国防安全、粮食安全、生态安全、能源安全、产业安全的战略地位十分重要。中部六省地理位置优越，承东启西、联南接北，人口众多，经济年均增速一直保持在 8% 左右。东部地区是我国经济发展的重要引擎，GDP 占全国 50% 以上。四大板块联动发展主要得益于近年来支持西部开发、东北振兴、中部崛起和东部率先发展的战略政策体系更加完善。首先，西部大开发形成新格局。出台新时代推进西部大开发形成新格局的指导意见，推进沿边开放发展，加强沿边开发开放试验区建设。其次，东北全面全方位振兴。着力完善东北全面振兴的

"1+N"政策体系,在财政、教育、交通、生态等领域出台专项配套政策规划。支持东北优化营商环境、深化国企改革、大力促进民营经济发展。印发黑龙江自贸试验区总体方案,设立大连沿海示范区、黑龙江大庆产业转型升级示范区,加强与东部地区对口合作。再次,中部地区不断崛起。制定关于新时代推动中部地区高质量发展的指导意见。推动长江中游城市群省会城市高质量协同发展,支持淮海经济区各市深化合作,推进安徽等地承接产业转移示范区建设,指导赣南等原中央苏区振兴发展。最后,东部地区率先发展。加快山东新旧动能转化综合试验区建设,推进北京、上海、粤港澳大湾区科技创新中心建设,创新要素不断聚集,科技成果不断涌现。

二是京津冀协同发展取得新成效。京津冀濒临渤海,携揽华北、东北和西北,地缘相近、人员流动便利。经过近几年的发展,京津冀地区生产总值8.5万亿元,占全国比重8.6%。雄安新区重点项目有序推进,白洋淀湖心区水质不断改善。北京市副中心高质量高标准规划有力实施,第一批市级机关完成搬迁办公,北京市疏解一般制造业企业399家,关停物流中心16个,提升市场49个,北京大兴国际机场正式投运,京张高铁顺利建成通车。京津对口帮扶河北贫困地区深入推进,京津冀全面创新改革试验18项改革举措基本完成并向全国推广。

三是粤港澳大湾区建设加速推进。粤港澳大湾区建设开局良好、进展顺利。一方面政策体系不断完善,印发实施支持深圳建设中国特色社会主义先行示范区意见、金融支持粤港澳大湾区建设的意见等。另一方面,要素流动更加高效。随着国际科创中心建设的有序推进,逐步形成了"两廊"(广珠澳、广深港)、"两点"(河套、横琴)的建设框架,创新资源不断汇聚。粤港澳三地跨境车辆通行更加便捷,港澳机动车入出内地通行政策更加开放,大湾区居民交往更加深入,港澳居民在内地创业、参加社保等更加便利。

四是长三角一体化发展稳步推进。长三角四省市经济总量约占全国的25%,拥有全国约25%的"双一流"高校、国家重大实验室、国家工程研究中心，集成电路和软件信息服务产业规模分别约占全国的50%和33%。长三角一体化发展规划纲要全面落实，政策体系构建更加完善，出台长三角交通运输更高质量一体化发展规划、金融支持长三角一体化发展、税收征管服务、异地就医门（急）诊费用直接结算等配套政策，印发实施长三角生态绿色一体化发展示范区、上海自贸区临港新片区总体方案。推动设立示范区执委会和新片区管委会。加快实施华为青浦研发中心、特斯拉上海工厂等重大项目。

五是长江经济带共抓大保护深入开展。长江经济带覆盖11省市，横跨东中西三大板块，常住人口占全国42.9%，国内生产总值占全国46.5%。长江经济带战略实施以来，在生态、交通等方面取得初步成效。首先，顶层设计不断完善。加快落实《长江经济带发展规划纲要》，出台10个专项规划、11个具体实施方案以及"4+1"指导意见等一系列政策。其次，生态环境突出问题整改和污染治理成效显著。沿江各地强化水污染治理、水生态修复和水资源保护，开展城镇污水垃圾处理、船舶污染治理、农业面源污染治理、化工污染治理和尾矿库污染治理"4+1"工程，开展长江干线非法采砂、沿江化工污染、长江入河排污口等专项整治行动。截至2019年年底，163个突出问题整改已完成79%，1361座非法码头已彻底整改。再次，综合交通运输体系更加健全。江海直达、江海联运、铁水联运等多式联运加快发展，长江南京以下12.5米深水航道全线贯通。最后，共抓大保护体制机制加快构建。建立"负面清单指南+沿江11省市实施细则"的负面清单管理体系，完善水质监测预警体系。

六是黄河流域生态保护和高质量发展上升为国家战略。黄河流域流经9个省区，涉及4.2亿人口，国内生产总值占全国25%以上。粮食和肉类产量占全国约三分之一，煤炭储量占全国一半以上，是我国能源、化工、原材料和基础工业基地。目前要抓紧启动、及早编制黄河流域生态保护和高质量发展规划纲要。一方面，组织有关部门、研究机构深入开展黄河水土保持、水沙关系、水资源节约集约利用等重大问题研究。

另一方面，积极听取各方意见，提出今后一个时期推动黄河流域生态保护和高质量发展的总体要求、目标任务、重点工程和政策措施，谋划一批生态、水利、治污等生态环境保护重大工程，解决突出问题。

七是革命老区、民族地区、边疆地区、贫困地区发展短板加快补齐。2019年，中央财政加大对这些地区转移支付力度，完善一般性转移支付增长机制，出台措施引导金融机构专门扶持，加快改革开放、增强发展能力、改善人民生活。出台支持赣南等原中央苏区振兴发展的若干政策措施，培育民族地区特色优势产业，提高沿边开放水平，加大"三区三洲"等深度贫困地区剩余贫困县和贫困村的脱贫攻坚力度。

八是海洋经济加快发展。我国拥有300多万平方公里的蓝色疆土。2019年我国海洋经济生产总值超过8.9万亿元，过去十年间总量翻了一番，占国内生产总值的比重保持在10%左右，其中海洋旅游、海岛旅游、邮轮旅游海洋服务业对海洋经济增长的贡献率超过75%，增加值占比连续9年稳步提升，海洋经济带动国内经济的引擎作用不断增强。海洋经济发展示范区加快启动，海洋生态保护修复力度加大，生态环境逐步改善。

（二）区域发展存在的新情况新问题

我国区域发展形势是好的，同时出现了一些值得关注的新情况新问题。

一是区域经济发展分化态势明显。一方面，区域间东西差距缩小而南北差距扩大。2003年东部人均GDP是西部的2.5倍，2019年这一差值下降为1.8倍，中西部人均GDP年均增速在8%以上，分别高于东部地区和东北地区1%和2%。与此同时，全国经济重心进一步南移。长三角、珠三角等地区已初步走上高质量发展轨道，一些北方省份增长放缓。北方地区人均GDP从2012年开始低于南方地区。2019年，北方地区经济总量占全国的比重为35.4%，比2012年下降7.4%，为1978年以来的占比新低。另一方面，区域内部分化明显。比如，西部的西南与西北逐渐产生差距，四川和重庆两省市占西部 GDP 的比重上升至 34.2%，西北地区的比重不断下降；东北地区大连和其他三个省会城市 GDP 占整个地区接近 50%；东部的津冀鲁等北方省份与南方省份差距不断扩大。

> **资料链接**
>
> ### 北方地区和南方地区
>
> 北方地区包括北京、天津、河北、山西、内蒙古、辽宁、吉林、黑龙江、山东、河南、陕西、甘肃、青海、宁夏、新疆；南方地区包括上海、江苏、浙江、安徽、福建、江西、湖北、湖南、广东、广西、海南、重庆、四川、贵州、云南、西藏。

二是经济发展动力极化现象日益突出。经济和人口在空间上向大城市及城市群集聚的趋势日趋明显。人口、资本等要素逐渐向省会城市和中心城市聚集，部分中心城市和城市群快速崛起成为新的区域增长极。北京、上海、广州、深圳等特大城市发展优势不断增强，杭州、南京、武汉、郑州、成都、西安等大城市发展势头较好，京津冀、粤港澳、长三角等城市群综合承载力不断增强，形成推动高质量发展的区域增长极。

三是部分区域发展面临较大困难。首先，东北地区、西北地区发展相对滞后。2012~2018 年，东北地区经济总量占全国的比重从 8.7% 下降到 6.2%，常住人口减少 137 万，一些深层次体制性、机制性、结构性问题制约发展；西北地区基础设施落后，生态环境脆弱，制约了发展后劲，加上产业结构以能源化工、资源加工为主，一些资源枯竭型城市、传统工矿区城市发展活力不足，转型发展压力巨大。其次，城乡差距依然较大。农业农村基础差、底子薄的状况亟待改变，村庄空心化、农户空巢化现象严重，农业发展能力不足，城乡矛盾突出。最后，革命老区、民族地区、边疆地区、贫困地区等地区基础设施落后、市场机制不完善、产业发展能力不足,发展困难重重。

四是区域产业协同发展水平有待提高。应对疫情冲期间,区域间的产业链、供应链循环受阻,同时暴露出产业链、供应链的衔接、韧性和抗风险能力不足。一方面,行政区划制约了区域间市场一体化的形成,地区封锁和市场分割等现象在一定范围内存在,导致资源流通受阻、配置效率低下,部分地区出现产能过剩和低水平供给。另一方面,相近区域间产业结构和产品同质,缺乏产业链的上下游配套,物流成本增加,产业核心竞争力较弱。

三、新时期加快落实区域发展的思路和举措

我国区域发展差距依然较大,而且这种非均衡的格局还将持续很长时间,当前乃至今后相当长的一段时期,促进区域协调发展仍然是我国区域政策的重心。

(一)新时期加快落实区域发展的思路

当前,我国经济由高速增长阶段向高质量发展阶段转变,对区域发展而言,要立足各地区实际,走合理分工、优化发展的路子。新形势下加快落实区域发展,总的思路是:按照客观经济规律调整完善区域政策体系,发挥各地区比较优势,促进各类要素合理流动和高效集聚,增强创新发展动力,加快构建高质量发展的动力系统,增强中心城市和城市群等经济发展优势区域的经济和人口承载能力,增强其他地区在保障粮食安全、生态安全、边疆安全等方面的功能,形成优势互补、高质量发展的区域经济布局。

一是尊重经济客观规律,推动区域市场一体化发展。产业和人口向优势区域集中,形成以城市群为主要形态的增长动力源,进而带动经济总体效率提升,这是经济规律,让市场在资源配置中起决定性作用,更

好发挥政府作用。只有遵循经济规律,才能破除资源流动障碍,促进各类生产要素自由流动和高效集聚,提高资源配置效率。要实施全国统一的市场准入负面清单制度,深入实施公平竞争审查制度,消除歧视性、隐蔽性的区域市场壁垒,打破行政性垄断,坚决破除地方保护主义。除中央已有明确政策规定之外,全面放宽城市落户条件,完善配套政策,打破阻碍劳动力流动的不合理壁垒,促进人力资源优化配置。要健全市场一体化发展机制,深化区域合作机制,加强区域间基础设施、环保、产业等方面的合作,形成统一开放、竞争有序的市场体系,激发市场活力。

二是发挥各区域比较优势,加强区域产业协同。各区域要立足各自比较优势,经济发展条件好的地区要承载更多产业和人口,发挥价值创造作用,生态功能强的地区要得到有效保护,创造更多生态产品,要考虑国家安全因素,增强边疆地区发展能力,使其有一定的人口和经济支撑,以促进民族团结和边疆稳定。同时,还要以区域一体化视角开展产业规划,优化产业布局,加强产业协同,促进区域间和区域内产业链上下游的合理分工配套,鼓励各地通过共建园区、产业合作、飞地经济等形式实现互利共赢,避免无序竞争和重复建设,提高区域核心竞争力。

三是完善空间治理,健全区际利益补偿体系。要完善和落实主体功能区战略,细化主体功能区划分,按照主体功能定位划分政策单元,对重点开发地区、生态脆弱地区、能源资源地区等制定差异化政策,分类精准施策,推动形成主体功能约束有效、国土开发有序的空间发展格局。还要优化区际的利益补偿体系,加快完善更加科学合理、权责利清晰的多元化横向生态补偿机制,逐步建立粮食主产区与主销区、资源输出地与输入地之间的利益补偿机制,要形成受益者付费、保护者得到合理补偿的良性局面。要健全纵向生态补偿机制,加大对森林、草原、湿地和重点生态功能区的转移支付力度。要推广新安江水环境补偿试点经验,鼓励流域上下游之间开展资金、产业、人才等多种补偿。要建立健全市场化、多元化生态补偿机制,在长江流域开展生态产品价值实现机制试点。

四是保障民生底线，完善系列配套政策。着眼推动经济高质量发展，深入实施区域协调发展战略，推动形成基本公共服务均等化、基础设施通达程度比较均衡、人民生活水平大体相当的区域协调发展新格局。要改革和完善土地管理、财政体制、养老保险等一系列制度，提高城市群承载能力。要加快改革土地管理制度，建设用地资源向中心城市和重点城市群倾斜，在国土空间规划、农村土地确权颁证基本完成的前提下，城乡建设用地供应指标使用应更多由省级政府统筹负责，使优势地区有更大发展空间。要完善财政体制，合理确定中央支出占整个支出的比重，对重点生态功能区、农产品主产区、困难地区提供有效转移支付，基本公共服务要同常住人口建立挂钩机制，由常住地供给，运用信息化手段建设便捷高效的公共服务平台，方便全国范围内人员流动。要尽快实现养老保险全国统筹，要在确保 2020 年省级基金统收统支的基础上，加快养老保险全国统筹进度，在全国范围内实现制度统一和区域间互助共济。

（二）新时期促进区域发展的主要举措

当前我国经济由高速增长转向高质量发展阶段，对区域协调发展提出更高要求。必须从多方面加快形成统筹有力、竞争有序、绿色协调、共享共赢的区域协调发展新格局。要继续推进实施"3+4"的区域协调发展总体布局，统筹推进四大板块，重点突出三大战略的新动力引领带动作用。通过加快培育新的增长极和增长带，为区域发展扩展新空间，重点建设以沿江沿海沿线经济带为主的纵向横向经济轴带，形成区域协调发展的重要支撑。

一要继续实施好区域发展总体战略。继续推进"四大板块"，2020年的政府工作报告强调要加快落实区域发展战略，继续推动西部大开发、东北全面振兴、中部地区崛起、东部率先发展。要调整和完善现有政策举措，强化融通补充、联动发展，统筹推进板块发展。

一是推进西部大开发形成新格局。西部地区是"一带一路"重要的交通物流枢纽和商贸集聚中心。同时，西部地区也存在短板和弱项，主要表现为贫困严重、量大面广，基础设施和基本公共服务供给不足，生态环境待于改善。推进西部大开发形成新格局，要深入贯彻落实《中共中央 国务院关于新时代推进西部大开发形成新格局的指导意见》，强化重点举措，建成大保护、大开放、高质量发展的新格局。要充分发挥西部地区自然资源丰富的比较优势，推动相关产业集群化发展。要加大改革创新力度，优化营商环境，修订修补地区鼓励类产业目录，延续西部大开发企业所得税优惠政策并降低享受门槛，吸引更多企业到西部投资。要扩大开放，发挥西部陆海新通道联结"一带一路"、衔接长江经济带的作用，发展多式联运，建设自由贸易试验区、内陆开放型经济试验区、承接产业转移示范区、沿边开发开放试验区等，构建高水平的内陆和沿边开放体系。要补短板、强弱项，围绕解决"两不愁三保障"重点问题，加大深度贫困地区和特殊贫困群体脱贫攻坚力度，坚决打赢脱贫攻坚战，加快川藏铁路等重大工程建设，加快实施重大生态工程，完善城镇污水垃圾处理设施，推动教育、医疗、养老等基本公共服务均等化。

二是推动东北全面振兴全方位振兴。当前东北经济处于转型关键期，具有资源禀赋合理、交通设施完善、产业基础雄厚等优势，但是也存在着体制机制、经济结构、开放合作等体制性和结构性的矛盾。要加快调整经济结构，整合资源，扬长避短，通过提升装备制造、冰雪旅游、现代农业等特色产业竞争力，加强传统制造业技术改造，促进资源枯竭型城市和老工业基地转型升级，培育健康养老等新增长点形成均衡发展的产业结构，实现产业多样化，提升经济整体竞争力。要加快国企改革步伐，出台新举措推动国有企业混合所有制改革，让老企业焕发新活力。要大力优化营商环境，复制推广"放管服"改革先进经验做法，转变政府职能，深入落实减税降费政策，采取更有效举措吸引人才，加强知识产权保护，加大本地和外来企业扶持力度。要打造更高水平对外开放，加快自由贸易试验区、沿边重点开发开放试验区建设，加强吸引日韩企业对外投资力度。

三是推动中部地区崛起。中部地区是我国重要的工业基地、物流枢纽和粮食生产基地。要进一步发挥各地优势，创新发展通道经济，增强要素集聚能力，构建现代综合交通体系和物流体系。要推动制造业高质量发展，积极主动承接东部沿海产业转移，加快培育内生性优势产业体系，加快数字化、网络化、智能化技术在各领域的应用。要积极参与共建"一带一路"，发展内陆开放型经济，开展国际产能和装备制造合作。要加强生态环境治理和保护，重点做好长江、黄河、湘江、淮河、鄱阳湖等河流湖泊的污染治理和生态恢复。

四是推动东部地区率先发展。东部地区具有创新带动作用强、创新要素集聚的特殊优势。要重点加强原始创新、关键核心技术攻关，提升自主创新能力，打造创新高地，继续成为我国经济发展的先行区。要率先推进新旧动能转换，实现产业升级，推动核心产业融入国际产业链、价值链中高端，引领新兴产业和现代服务业发展，打造全球先进制造业基地，统筹推进国家级新区、自由贸易试验区和重大功能平台建设，率先推进建设高水平对外开放和创新驱动发展。要加快培育现代化城市群、都市圈，探索经济高质量发展路径模式，为其他地区提供可借鉴可推广的经验。

二要加快构建高质量发展的新动力源。区域发展不能简单要求各地区在经济发展上达到同一水平，要重点发展能够带动全国高质量发展的新动力源，特别是京津冀、长三角、珠三角三大区域和一些重要城市群。围绕打造世界级创新平台和增长极，发挥各地区比较优势，促进各类要素合理流动和高效聚集，增强创新发展动力，形成优势互补、高质量发展的区域经济布局。

一是推进京津冀协同发展。推动京津冀协同发展，要牢牢把握北京非首都功能疏解"牛鼻子"，健全区域协调发展新机制，推进内涵式集约发展。要加快北京城市副中心建设，持续优化北京功能布局，推进交通、生态、产业等重点领域取得新进展。要高质量高标准建设雄安新区，推动在京部分企业和机构有序疏解转移。要加快推动市场一体化，加强行政管理协同，促进要素优化配置、产业协同分工、基本公共服务均等化等。

二是推动粤港澳大湾区建设。粤港澳大湾区建设是新时代"一国两制"的深度实践，将有效发挥香港和澳门的独特优势，更好发挥广东对外开放先行优势，聚集全球创新要素。粤港澳大湾区地处沿海开放前沿，加上产业体系完备、集群优势明显、经济互补性强，在全国经济发展水平领先。要充分发挥市场对资源配置的决定性作用，特别是运用市场机制配置创新资源，全面推进粤港澳在设施联通、商贸投资、产业协同、科技教育等方面的互利合作，以广深港、广珠澳科技创新走廊为依托，加快国际科技创新中心和综合性国家科学中心建设，推进前海、南沙、河套、横琴等重点平台规则对接。要促进要素高效流动，加快建设城际快速交通网络，推动实现主要城市间1小时通达，更多口岸24小时通关。要以民生改善为重点，加强跨公共服务和社会保障衔接，促进大湾区居民交流交往。

三是推动长三角一体化发展。长三角地区经济发展活跃、开放程度高、创新能力强，是最具有条件率先实现高质量发展的区域之一。要深入落实《长江三角洲区域一体化发展规划纲要》，率先在基础设施和基本公共服务两大领域实现一体化，加强生态环境保护和协同创新，高标准建设长三角生态绿色一体化发展示范区，从项目协同走向区域一体化制度创新，探索将生态优势转化为经济社会发展优势，示范引领长三角一体化发展。要推进上海自贸试验区新片区全方位高水平开放，在投资自由、贸易自由、资金自由、运输自由、人员从业自由等更多更宽领域更深层次推进开放，让上海自贸试验区新片区成为服务长三角、服务全国发展的战略性平台。要进一步发挥上海龙头带动作用，江苏、浙江、安徽等地发挥所长，合理分工、优势互补，深化创新合作，加快建设长三角世界级港口群。

三要推进长江经济带共抓大保护。长江经济带在我国经济发展中具有重要引擎作用。目前,长江水体恶化是流域生态安全和经济社会可持续发展的瓶颈,调查显示,长江流域废污水年排放量占全国40%以上。要坚持生态优先、绿色发展理念,坚持共抓大保护,增强系统思维能力,建立生态环境保护硬约束机制,强化监测预警,深化省级协同合作,大力推进生态环境污染治理"4+1"工程,切实做好生态环境突出问题整改和系统性保护修复工作。要加快推动长江保护立法,夯实共抓大保护的法律基础。要深入落实《长江经济带发展规划纲要》、10个专项规划、11个实施方案等一系列支持政策。要加快综合交通运输体系建设,推进沿江高铁等骨干项目规划建设,促进内河船舶更新改造,减少船舶污染。

四要推动黄河流域生态保护和高质量发展。黄河流域是我国重要的生态廊道和经济地带,但是流域内生态环境脆弱,流域经济社会发展相对滞后。黄河流域生态修复保护,实施水源涵养提升流域生态保护和高质量发展是一个复杂的系统工程,要坚持生态优先、绿色发展,立足于全流域和生态系统的整体性,深入研究、科学论证,高标准编制规划纲要。要加大黄河流域污染治理,实施水污染综合治理、大气污染综合治理和土壤污染综合治理等工程。要坚持量水而行、节水为重,推进水资源节约集约利用,实施河道和滩区综合提升治理工程,全面实施深度节水控水行动等。要坚持因地制宜、分类施策,推进兰州—西宁城市群发展,推动黄河"几"字弯都市圈协同发展,强化西安、郑州国家中心城市的带动作用,发挥山东半岛城市群龙头作用,推进沿黄地区中心城市及城市群高质量发展。要实施好黄河文化遗产系统保护工程,大力保护、传承和弘扬黄河文化。

五要推动成渝地区双城经济圈建设。成渝地区是典型的双核城市群,具有承东启西、接南转北的区位优势,国土面积占全国的1.9%,常住人口占全国的6.9%,国内生产总值占全国的6.3%,是西部经济腹地。推动成渝地区双城经济圈建设,既可以发挥区位优势,又有助于在西部形成高质量发展的重要增长极，打造内陆开放高地。要牢固树立一体化发展理念，处理好两个核心城市之间的关系，强化重庆和成都的中心城市带动作用，加快构建多层次常态化协商合作机制，做到统一谋划、统一部署、相互协作、共同实施，携手融入共建"一带一路"、长江经济带、西部大开发，深化开放开发合作，合力推进西部陆海新通道建设，打造区域发展新增长极。要发挥市场机制作用，更加注重产业协同发展，增强协同创新能力，推动产业融合和集聚发展，形成一批具有竞争力的优势产业集群。要强化公共服务共享共建，加强交通基础设施联通，优化国土空间布局，加强生态环境保护，推动教育、医疗、社保等重点领域深度融合。

六要促进革命老区、民族地区、边疆地区、贫困地区加快发展。革命老区、民族地区、边疆地区、贫困地区是我国区域协调发展的短板所在。要加大财政金融支持力度，着重改善基础设施条件，提高基本公共服务能力和水平，强化生态保护和修复。要落实和完善革命老区振兴发展支持政策，加强红色旅游、教育和产业发展模式创新，推动赣闽粤原中央苏区等重大贫困革命老区振兴发展。要牢固树立中华民族共同体意识，以改善民生为出发点和落脚点，实行有针对性支持政策，壮大民族特色优势产业，实行民族地区稳定发展。要推进边疆地区开发开放，依托重要口岸和完善城镇基础设施，推进兴边富民，实现边疆人口就业安居。要加大"三区三州"等深度贫困地区剩余贫困县和贫困村脱贫攻坚力度，减少和防止贫困人口返贫，确保贫困人口全部脱贫、贫困县全部摘帽。

七要发展海洋经济。我国不仅是陆地大国，也是海洋大国，海洋经济是我国国民经济的重要支撑，是未来发展的战略空间。同时，由于过度捕捞导致生态系统退化、生物资源减少、沿海产业低质同构化现象和由于近岸粗放式用海造成的自然岸线减少的现象严重。要制定加快建设海洋强国的意见，坚持陆海统筹，强化海岸带地区经济空间布局和资源配置，实现海洋经济与海岸带经济的协调发展，统筹陆海基础设施建设,做好多式联运提高综合效益。要统筹海水淡化和水资源供给、陆域与海洋能源勘探开发等,科学有序地对海洋资源进行开发利用。要加强对海洋生态环境保护,健全海洋生态环境动态监测和监管机制。要继续大力支持海洋旅游、海岛旅游、邮轮旅游等海洋服务业发展,进一步发挥海洋服务业"稳定器"的作用。要推动海洋可再生能源利用、海洋生物医药、海水利用等新兴产业成为海洋经济新的增长点。

四、河北省坚定有力推进京津冀协同发展

河北省委九届十次全会强调,要坚持举全省之力推动"三件大事"升级加力,切实把重大战略机遇转化为高质量发展优势和成果。要坚定有力推进京津冀协同发展,切实加强基础设施建设,巩固拓展交通、生态、产业重点领域率先突破成果,提升重点平台承接北京非首都功能疏解的能力和水平,加强廊坊北三县与北京通州区一体化发展,深入推进京津冀协同创新共同体建设,在对接京津、服务京津中加快发展自己。

(一)举全省之力推动京津冀协同发展向纵深拓展

京津冀协同发展战略提出以来,三地产业结构不断优化升级,新兴产业加速发展,科技创新不断实现新突破。

2019年,京津冀区域第三产业增加值占GDP的比重较上年提高5.5%,高于全国平均水平12.9个百分点。北京产业发展聚焦"高精尖",规模以上工业中高技术制造业、战略性新兴产业增加值分别增长9.3%和5.5%,创新驱动发展指数连续8年稳步提升,截至2019年年底,每万人发明专利拥有量达132件,比2019年增加20件,技术合同成交额同比增长14.9%,增速创近5年新高。天津新兴产业加快发展,规模以上工业中,智能制造工业增加值同比增长8.2%,规模以上服务业中,新服务、高技术服务业、战略性新兴服务业营业收入分别同比增长14.8%、19.3%和12.4%,国家级高新技术企业、国家级科技型中小

企业总数均突破6000家。河北工业战略性新兴产业增加值同比增长10.3%，风能原动设备、城市轨道交通设备和显示器件制造的增幅均在30%以上，创新主体数量猛增，国家级高新技术企业新增数量超过2000家，总数是前3年总和的3.5倍。

近年来，京津冀三地发展实力均获得不同程度的提升，单中心的首都发展格局获得转变，协同发展的空间结构优化，产业、生态、交通三个重点领域率先实现突破，建立起协同发展的核心支撑。

一是产业对接有序推进。京津冀围绕优化生产力布局结构，有序引导生产要素流动，进而疏解非首都功能，均衡各地发展，提升区域整体发展水平的首要任务，相继出台了《京津冀产业转移指南》等系列政策，同时建立了以"2+4+N"为核心的产业疏解空间载体和平台支点。"2"：北京城市副中心和雄安新区；"4"：曹妃甸协同发展示范区、北京新机场临空经济区、天津滨海新区、张承生态功能区4个战略功能区；"N"：46个专业化、特色化承接平台。产业协同发展的平台载体和关键环节获得突破。特别是针对三地产业转移承接的税收分享等核心问题，三地进行了突破性探索，联合印发了《京津冀协同发展产业转移对接企业税收收入分享办法》等政策文件，为三地解决产业协同对接核心问题提供了保障。在京非首都功能有序疏解方面，2014~2018年，河北省共承接北京市转入的产业活动单位3860个，其中承接租赁和商务服务业单位1202个，占31.1%，承接信息服务类、科技服务类单位748个，占19.4%。2018年，河北84项协同发展年度任务圆满完成，2019年1~6月，北京共退出一般制造业企业297家，疏解提升市场37个、物流中心16个。人口规模调控成效明显，2017年、2018年连续两年实现负增长。

二是区域生态环境容量得以扩大。围绕大气污染协同治理、水环境保护等生态建设，三地深化合作，建立了"五个统一"的大气污染联防联控体系，签署了水资源补偿协议，合力推进清洁能源改造、大气及水污染协同防治。2014~2018年，京冀生态水源保护林累计增加50万亩，北京、天津和河北优良水体比例分别提高32%、15%和8%，PM2.5平均浓度分别下降40.6%、37.3%和41.1%。

> **资料补充**
>
> **生态环境取得新成绩**
>
> 京津冀协同发展6年来，特别是习近平总书记在三省市考察并主持召开京津冀协同发展座谈会一年多来，河北省深入贯彻落实总书记重要指示精神，坚持生态优先、绿色发展，全力以赴打好污染防治硬仗，加快建设天蓝地绿水清的美丽河北。
>
> 2019年，河北大气质量达到6年来最好水平，全省PM2.5平均浓度降至50.2微克/立方米。8个传输通道城市同比下降7.1%，改善率在京津冀及周边地区"2+26"城市前10名中占6个。
>
> 建设首都水源涵养功能区和京津冀生态环境支撑区。与北京市建立实施密云水库上游潮白河流域横向生态补偿机制，与天津市签订第二轮引滦入津上游横向生态补偿协议，三地打破行政区划壁垒，实现了上下游溯源治污、源头护水。北京密云水库、官厅水库上游河流入京断面水质优良比例100%，引滦入津上游潘大水库水质为Ⅱ类，为近年来最好水平。
>
> 全力构建"两屏""两带""多点"的京津冀生态屏障，大力实施京津风沙源治理、"三北"防护林、太行山绿化、京津保生态过渡带和沿海防护林建设等国土绿化重点工程。
>
> 加快推进产能压减和退城搬迁。2019年压减炼钢产能1402万吨、煤炭产能1006万吨、焦炭产能319万吨、水泥产能334万吨，推进18家企业退城搬迁，率先在京津周边推进保定市、廊坊市钢铁产能退出。在全国率先完成所有符合改造条件的钢铁、焦化和煤电企业深度治理，率先推进燃煤锅炉超低排放改造和燃气锅炉低氮燃烧改造，率先建立生态环境监管正面清单。

三是交通一体化加速形成。三地积极推动交通发展率先突破。轨道交通等交通骨干和打通"瓶颈路""断头路"等交通"毛细血管"同时推进,京津冀城市群之间轨道交通路网、高速公路网加速完善,覆盖全区域的便捷交通网络加速形成。京昆、京台、京开高速拓宽工程,京秦、首都地区环线(通州—大兴段)和延崇高速平原段等相继建成通车,1小时城际交通圈的范围不断扩大。2014~2018年,三地公路里程累计增加1.4万公里,高速公路里程增加1674.5公里,三地交通运输能力和服务现代化水平不断提升。5年间,河北累计打通与京津间的干线公路"断头路""瓶颈路"27条段、1676公里。

专家观点

十三届全国人大三次会议河北代表团新闻发布会上,全国人大代表、省推进京津冀协同发展工作领导小组办公室主任党晓龙介绍,2019年,京津冀协同发展已经实现向实质性建设、三地全面合作、机制体制协同三个方面转变,取得显著成效。

一是协同发展重点区域由规划设计向实质性建设转变。雄安新区启动区控制性详细规划和起步区控制性规划获批,北京大兴国际机场临空经济区总体规划、张家口首都"两区"建设规划、通州区与廊坊北三县协同发展规划相继印发,进入大规模建设阶段。

二是三地合作从重点突破逐步向全面开花转变。即由交通、生态环保、产业三个重点领域,向公共服务、社会治理、城市管理等方面拓展,合作领域更宽、范围更广。

三是从具体事项合作向体制机制协同转变。着眼于合作的规范化制度化,不断深化跨区域检验检测认证监管、高新技术企业资质互认等领域合作,特别是京津冀协同制定出台机动车和非道路移动机械排放污染防治条例,系全国首部区域协同立法,上升到立法层面。

（二）坚定有力推进京津冀协同发展的举措

京津冀协同发展各项工作不断取得新进展，同时也要看到，京津冀协同发展已经进入到滚石上山、爬坡过坎、攻坚克难的关键阶段，需要下更大气力推进各项工作。推动京津冀协同发展不断取得新进展新成效，要牢牢抓住疏解北京非首都功能"牛鼻子"，打造重点承接平台、加强重点领域合作、深化体制机制改革，扎实推进京津冀协同发展，要坚持攻艰克难，高质量高标准抓好重点任务，努力推动京津冀协同发展和雄安新区规划建设取得新的更大成效，在对接京津、服务京津中加快河北高质量发展。

一是聚焦北京非首都功能疏解，强化承接平台建设。加强与中央协同办、国家有关部委和北京市沟通对接，积极拓展承接平台，着力优化承接环境，建立重点承接平台及承接项目信息库，推进曹妃甸、渤海新区、芦台·汉沽等协同发展园区建设。支持北京城市副中心建设，制定廊坊"北三县"与北京通州区协同发展实施意见，加快北京大兴国际机场临空经济区规划建设，搞好综合保税区和起步区建设。推进协同发展"微中心"规划选址，开工建设一批标志性承接项目。

二是深化与京津在交通、生态、公共服务等领域的合作。深化交通互联互通，加快京雄、京唐城际铁路和津石、京秦高速公路建设，开工建设京雄商、雄忻等高铁项目。加强生态环境联建联防联治，深入实施蓝天、碧水、净土三大行动，全域推进冬季清洁取暖，持续整治"散乱污"企业，大力开展白洋淀流域治理和生态修复，统筹山水林田湖草系统治理，加快首都水源涵养功能区和京津冀生态环境支撑区建设。继续实施京津保生态过渡带等重大生态工程。推进基本公共服务共建共享，积极引入京津优质教育、医疗、康养、文化等资源，启动建设中国医学科学院肿瘤医院廊坊院区，扩大京津冀养老机构医保互联互通和养老补贴试点范围，开展旅游品质协同认证，推动京津冀信用信息共享。着力推动与京津的社会保险待遇资格认证、劳务协作和精准扶贫协作，切实增强人民群众的获得感。

三是推动体制机制改革，加大协同创新。创新行政、执法、税收、统计、生态等政策措施，促进资质互认、资源共享，推进京津冀人才、资金、能源、数据等要素市场一体化。围绕深化供给侧结构性改革，充分借助京津资源，坚决去、主动调、加快转，加快港口资源整合和转型升级，大力推进现代商贸物流重要基地和产业转型升级试验区建设。打造协同创新共同体，积极推进体制机制创新、科技创新、管理创新、业态创新，集聚和利用京津及国内外高端创新资源，激发创新活力，促进创新型河北建设取得新的更大成效。着力创造"雄安质量"，精心完善规划设计，有力有序推进开发建设，加强保障和改善民生工作，集聚优质资源和高端高新产业，切实强化改革创新支撑，推动雄安新区建设实现更好进展。

四是着眼于世界级城市群建设，切实强化各设区市和省直管县（市）功能定位。持续完善城市规划建设管理，深入实施乡村振兴战略，着力打造新型城镇化与城乡统筹示范区，构建大中小城市和小城镇协调发展的新格局。

12 面向世界大市场
——推进更高水平对外开放 畅通国内国际双循环

当今世界正在经历百年未有之大变局,国际环境日趋复杂,不稳定性不确定性明显增强,但和平与发展仍然是时代主题。中国的发展离不开世界,世界的发展也需要中国。多年来,我国对外开放不断取得新进展新成就。推进更高水平的对外开放,要促进外贸稳定发展,积极利用外资,更好利用国内国际两个市场、两种资源,不断培育我国参与国际合作和竞争的新优势。畅通国际大循环,加快形成以国内大循环为主体、国内国际双循环相互促进的新发展格局。

一、推进更高水平对外开放的必要性

当前,面对世界百年未有之大变局,我国对外开放环境日趋复杂严峻。"逆全球化"凸显,贸易保护主义抬头,世界经济增长放缓。新冠

肺炎疫情爆发和在全球扩散蔓延以来，我国外贸企业遭遇重创，世界产业链供应链受阻，贸易投资发展面临挑战，全球经济出现严重衰退。2020年7月30日召开的中共中央政治局会议指出，当前经济形势仍然复杂严峻，不稳定性不确定性较大，要加快形成以国内大循环为主体、国内国际双循环相互促进的新发展格局。

（一）对外开放环境日趋复杂，不稳定性不确定性明显增强

近年来，由于各国政策向内倾斜，贸易保护主义升温，"逆全球化"导致全球经贸摩擦不断加剧。美国减税政策、贸易保护主义行为严重扰乱了全球贸易发展秩序。2020年，中美历经多轮贸易谈判达成第一阶段经贸协议，但仍存在复杂性和不确定性。全球贸易与投资增长状况都存在变数。

突如其来的新冠肺炎疫情，给我国外贸外资发展按下暂停键。疫情在全球更大范围、更长时间蔓延，新增确诊病例和死亡病例屡创新高，截至2020年7月31日，全球累计确诊新冠肺炎病例17724251例，累计死亡病例681824例，82个国家确诊病例超过万例。多个国家"封城""封国"，世界经贸往来陷于停顿，使刚刚复工复产的外贸企业遭受"二次冲击"。受疫情影响，国际需求不振，国际贸易投资萎缩，大宗商品市场动荡，世界经济出现严重衰退。近期，主要国际机构预期2020年全球经济增长为负增长。国际货币基金组织、世界银行对2020年全球经济增速的最新预测分别为下降4.9%、5.2%，联合国经济和社会事务部发布报告指出，2020年世界经济将萎缩3.2%，联合国贸易和发展会议发布的《2020年世界投资报告》预计，2020年全球外国直接投资（FDI）将同比下降近40%，这是该数据自2005年以来首次低于1万亿美元。

（二）遵循经济发展规律，融入经济全球化发展趋势

经济全球化深入发展，各国经济深度交融、产业"筋骨"相连，市场彼此依赖，没有哪个国家能够独自提供自己所需要的所有商品和服

务，也没有哪个国家能够独立于全球分工体系之外。经济全球化是不可逆转的大趋势。产业链全球配置是资源在全球市场配置的自然选择过程，是经济发展规律。新冠肺炎疫情促使各国思考产业链的安全问题。在全球化发展过程当中，产业链供应链拓展延伸，肯定会面临风险，这是正常现象。寻求产业链安全不是要从全球化当中退出去，而是要正视风险点和薄弱环节，有针对性加强国际协调合作，共同增强全球产业链韧性和抗风险能力，维护各个国家共同利益。不能不顾客观经济规律，人为设置贸易壁垒，改变全球产业链供应链体系，否定经济全球化成果。推动更高水平的对外开放，推进贸易和投资自由化便利化，是各国的共同利益所在。

资料链接

疫情爆发以来，中美关系紧张升级，对我国产业链的稳定带来了新的、更大程度的冲击。2020年4月，美国商务部宣布了新的针对中国的出口管制条例（EAR），美国工业安全局进一步扩大针对中国出口管制的"实体清单"。2020年5月，美国政府发布《对华战略报告》，宣布将以"有原则的现实主义"为指导，采取对华竞争的方针。2020年6月，随着香港国家安全立法的推进，美国进一步收紧对华出口管制。

（三）维护全球产业链供应链畅通，促进国内国际双循环

国际商品和要素流动推动了国际贸易大发展，形成了密不可分的全球产业链供应链，促进了国际分工协作和各国比较优势的发挥，推动了世界经济持续增长。疫情之下，国际物流、资金、服务和人员往来受限，全球产业链供应链循环受阻。党中央基于国内外形势，作出"加快形成以国内大循环为主体、国内国际双循环相互促进的新发展格局"的重大战略部署，新格局强调以国内大循环为主体，辩证来看，并不是关

起门来封闭运行，而是通过发挥内需潜力，使国内市场和国际市场更好联通，更好利用国际国内两个市场、两种资源，实现更加强劲可持续的发展。中国开放的大门不会关闭，只会越开越大，过去40年中国经济发展的成就是在不断扩大开放中获得的，未来实现中国经济高质量发展必然也需要更高水平的对外开放。

> **专家观点**
>
> 　　2020年7月21日，习近平总书记与企业家座谈时，明确指出：中国开放的大门不会关闭，只会越开越大。以国内大循环为主体，绝不是关起门来封闭运行，而是通过发挥内需潜力，使国内市场和国际市场更好联通，更好利用国际国内两个市场、两种资源，实现更加强劲可持续的发展。从长远看，经济全球化仍是历史潮流，各国分工合作、互利共赢是长期趋势。我们要站在历史正确的一边，坚持深化改革、扩大开放，加强科技领域开放合作，推动建设开放型世界经济，推动构建人类命运共同体。
>
> 　　中国宏观经济研究院市场与价格研究所研究员郭丽岩认为：双循环中，内循环"为主"，内外循环"互促"，是辩证统一关系。强大的国内市场作为一种战略资源，是推进更高水平对外开放的底气和依托。同时，通过推进更高水平的对外开放、促进内外市场发展和规则相融，是进一步强大国内市场的重要保障，有助于扩宽我国在全球范围配置资源的空间。
>
> 　　对外经济贸易大学国际经贸学院教授崔凡认为：国内大循环的健康发展有利于中国企业参与国际大循环，积极参与国际竞争又能够提高企业在国内市场的竞争力，国内国际双循环相互促进才能培育新形势下我国参与国际合作和竞争的新优势。在这个新阶段，开放应该是全面的、深入的，要推动中国经济与世界经济的深度融合，使双循环相互促进成为对外开放新阶段的主要特征。

二、稳住外贸基本盘

当前,我国外贸企业面临形势严峻,促进外贸外资稳定发展是推进更高水平对外开放的重要举措。外贸稳定发展对于推动经济增长和产业升级意义重大,是促就业保民生的重要途径,必须加大政策扶持力度。2019年,民营企业成为我国第一大外贸主体,外贸外资直接间接吸纳就业超2亿人,其中包括8000多万农民工。稳住外贸基本盘,事关我国对外开放,事关经济社会发展大局。

(一) 2019年我国外贸取得新进展

近年来,全球经贸风险和不确定性加剧,我国进一步推动高水平对外开放,带动全面深化改革、促进经济高质量发展。2019年,我国不断努力拓展开放领域、优化开放布局,第二届中国国际进口博览会成功举办,出口市场多元化步伐加快。重视推动商品和要素流动型开放,注重规则等制度型开放,对外开放取得新进展。

一是对外贸易稳中提质。我国不断优化外贸结构和营商环境,企业创新挖潜多元化市场,我国外贸保持了基本稳定,实现了稳中提质的目标。2019年,我国对外贸易进出口总值为31.54万亿元,同比增长3.4%,其中出口17.23万亿元,增长5%,进口14.31万亿元,增长1.6%,贸易顺差2.92万亿元,扩大25.4%。进出口、出口、进口规模均创历史新高。对外贸易结构不断优化。机电产品出口占比58.4%,高新技术产品和七大劳动密集型产品出口分别占比29.2%和19.2%,集成电路和汽车整车等高附加值产品出口分别增长25.3%和8.2%。外贸创新能力持续增强,新设跨境电商综合试验区24个,跨境电商零售和市场采购贸易出口占比达3.5%,海外仓数量超过1000个。不断扩大进口,促进全球资源合理配置,优化国内供给结构,满足了人民日益增长的美好生活需要。

二是共建"一带一路"成效显著。2019年全年，我国与"一带一路"沿线国家和地区货物贸易总额超1.3万亿美元，同比增长6%，占我国对外贸易总额29.4%。目前，我国与138个国家和30个国际组织签署了200份共建"一带一路"合作文件，与8个国家建立了贸易畅通工作组，与22个国家建立了电子商务合作机制，与14个国家建立了服务贸易合作机制，与14个国家建立了第三方市场合作机制。

三是深度融入世界经济。我国是全球经济复苏和贸易增长的助推器和稳定器，在全球经济治理和多边经贸合作中发挥越来越重要的作用。中美经贸磋商达成阶段性协议，推动区域全面经济伙伴关系协定15国整体结束谈判。我国已经是120多个国家和地区的主要贸易伙伴，连续11年成为全球第二大进口市场，进口额在世界总进口额的占比超过10%。特别是金融危机以来，我国进口贡献了全球进口增量的六分之一。维护多边贸易体制，与多国进行自贸协定谈判，推动贸易自由，实现经济一体化。

（二）我国外贸面临形势严峻

当前，外贸发展面临的形势依然严峻。特别是广大中小外贸企业生产活动受到疫情冲击，造成经济停摆。受疫情影响，2020年上半年，我国进出口总值14.24万亿元，同比下降3.2%。其中，出口7.71万亿元，下降3%，进口6.53万亿元，下降3.3%。在党和国家各部门的政策支持和广大外贸企业的共同努力下，外贸在经历了一季度的负增长后有所回稳，出口总值自4月以来连续3个月实现正增长，进口在6月实现正增长。

虽然目前国内疫情防控形势不断向好，但疫情在全球持续蔓延，国际市场需求严重萎缩，我国外贸企业面临巨大困难，特别是中小企业生产经营压力巨大。一是外贸企业订单不足，资金链风险大。海外国家订单大幅下滑，运营成本快速上升，使资金链断裂风险加大。全球疫情蔓延，境外买方拒收货物、拖欠资金款项问题较多，回款不畅，影响了企业的资金回笼。二是物流不畅，货运风险加剧。海外市场多国国际航线、航班取消，现有订单顺利运出成为棘手问题。三是产业链供应链不稳。供应链越长、参与全球分工体系越深、对全球物流网络依赖越大，受外部冲击就越明显。

（三）促进外贸稳定发展的举措

面对复杂的外部环境，我们要坚定不移扩大开放，稳定产业链和供应链，完善开放型经济新体制，以开放促发展，培育国际经济合作和竞争新优势。

一是加强金融财税政策支持。金融机构加大信贷投放，加强提升服务，防止资金链断裂。拓宽融资渠道，鼓励商业银行增加外贸应收账款、出口退税账户、保单融资，扩展外贸供应链金融服务。加大对外贸企业信贷支持力度，及时给外贸企业"输血"，保住企业流动性，帮助企业克服眼前的困难，恢复正常出口。鼓励银行把控风险的同时，放宽授信条件，扩大中小外贸企业的支持范围。要引导金融机构改进和提升服务，要贯彻落实金融服务实体经济的宗旨。搭建线上线下渠道，及时发放审批贷款，实施延期还本付息，减少外贸企业的资金压力。

扩大出口信用保险覆盖面，为出口企业提供风险保障，做到应保尽保。对于外贸企业面临的货物无法按期运输、结算收汇等问题，积极发挥出口信用保险的作用。保险机构要快速反应，关注重点企业，给予风险保障，开通绿色理赔通道，简化报损、索赔程序，适度放宽理赔条件，确保贸易真实背景下，应保尽保、应赔尽赔、能赔快赔。政策性出口信用保险要扩大覆盖面，把更多中小企业纳入保障范围，适度提高风险容忍度，降低保险费率。加强政府银行保险联动，完善贸易信息归集，营造便利的融资制度环境。

> **名词解释**
>
> **出口信用保险**
>
> 出口信用保险是指各国为了提高出口竞争力，减少外贸企业风险，设立专门保险机构，为企业出口货物、服务等应收账款提供安全保障。当进口商方面发生了商业方向或其他风险，不能正常付款时，保险公司为出口企业提供风险补偿。

加快落实出口退税政策。出口退税政策是世界贸易组织允许的政策措施，有助于减轻企业负担。2020年3月20日起，国家决定将1084项产品出口退税率提高至13%，将380项产品出口退税率提高至9%，缓解外贸企业的经营困难。要贯彻落实出口退税政策，简化出口退税手续，确保企业及时拿到退税款。

二是发挥国内市场强大优势，支持出口转内销。推进更高水平的对外开放，要统筹国内和国外两个市场两种资源。在面临外部市场萎缩的情况下，要发挥国内市场优势，支持出口企业开拓内销市场。政府部门要当好"引路人"，要落实完善相关扶持政策，帮助企业加快疏通国内流通渠道，引导出口企业开发面向国内市场的产品，加强与电商平台、批发零售企业、大型商超对接，构建内销网络体系。要帮助企业发挥生产加工优势，开发面向国内市场的商品，解决标准认证问题，在税收征管上为出口转内销需要补税的商品提供便利。要培育既懂内贸又了解国际市场的跨国公司，发达国家的跨国公司对内对外销售是一体化的，很少区分国内和国际市场，这样可以实现更大范围的产业和市场循环。

三是提高国际货运能力，加快跨境物流体系建设。对外贸易离不开国际运输，大宗货物主要运输方式是海运，高技术、小体积、高附加值货物主要运输方式是空运。空运地位日益重要，要完善政策支持，推动邮政企业增加国际航空运力，在航权、航线、时刻等方面给予政策支持，缓解当前疫情影响带来的国际航空运力短缺矛盾。统筹完善海外物流网络节点，集中交通运输骨干企业和大型物流企业优势，共建区域货物中转站点，提高出口货物的仓储、中转服务水平。加强国际协作沟通，督促班轮公司及时恢复航班、航线，确保航运有序运行，加强与中欧班列沿线国家的沟通协调，及时调整各类管制措施，保持线路通畅。

疫情冲击也提供了加快国际物流体系建设的契机。要完善国内航空物流网络建设，加强机场货运设施改造，扩大货运机规模，推进货运功能机场布局，打造海外转运中心，增强国际航空货运能力。加强与相关国家合作，完善境外港口节点，拓展国际货运航线，提升海运安全保障。优化中欧铁路通道，打造现代物流枢纽，推动班列开行由"点对点"向"枢纽对枢纽"转变。延伸国际公路运输服务网络，扩大公路运输辐射空间。

四是加快外贸新业态新模式发展。近几年，涌现了跨境电商、市场采购贸易、外贸综合服务、数字贸易、离岸贸易等外贸新业态新模式。特别是以跨境电商为代表的新业态新模式成为外贸增长的新亮点。要发挥跨境电商开拓国际市场的作用，推进跨境电商综合试验区建设，加快复制推广"六体系两平台"等成功做法，实行"无票免税"政策，落实企业所得税核定征收办法。加快完善海外仓布局，引导海外仓升级，支持建设国际中转分拨中心、物流仓储配送中心等。市场采购贸易有利于促进传统优势商品小批量、多品种、多批次出口，要简化归类，优化申报流程，提高通关便利化水平，扩大市场采购贸易方式试点范围，鼓励贸易模式创新，增强产业集聚效应。要充分发挥外贸综合企业平台作用，在税收、金融等方面营造政策空间，完善集中代办退税模式等，鼓励创新融资服务产品，为中小企业出口提供支持。

名词解释

市场采购贸易方式：由符合条件的经营者在经国家商务主管等部门认定的市场集聚区内采购的、单票报关单商品货值15万美元以

> 下（含 15 万美元）、并在采购地办理出口商品通关手续的贸易方式。该贸易方式为专业市场"多品种、多批次、小批量"外贸交易创设，具有通关快、便利化、免征增值税等特点。
>
> 外贸综合服务企业：近年来涌现出的外贸服务新业态，主要向中小型生产企业提供代办报关报检、物流、退税、结算、信保等外贸相关服务。
>
> 六体系两平台：地方探索出来的推动跨境电商发展的一套制度体系。"六体系"包括信息共享体系、金融服务体系、智能物流体系、电商信用体系、统计监测体系、风险防控体系。"两平台"包括线上单一窗口平台和线下综合园区平台。

五是积极扩大进口。随着消费的不断升级，与人民群众生活密切相关的日用消费品、医药、养老、护理等产品的进口需求日益增长。要促进进口多元化，拓展进口来源，发挥多边和双边经贸合作机制的作用，重点开拓"一带一路"相关国家市场，增加特色优质产品进口。要不断完善免税店政策，布局更多进口产品免税店，增加免税商品种类。支持国内产业转型升级需求，带动相关技术、设备、零部件和研发、设计、咨询等生产性服务进口。坚持政府引导、市场运作、企业化经营，办好进博会。创新监管，培育特色明显的贸易便利化措施，完善示范作用突出的进口贸易促进创新示范区。

三、积极利用外资

外资对促进我国经济发展意义重大，积极利用外资是推进我国更高水平开放的重要内容。当前我国利用外资面临新情况、新挑战、新机遇。李克强总理在政府工作报告中对如何积极利用外资做了重要部署。

（一）当前我国利用外资面临的挑战与优势

2019年全年，我国实际利用外资稳定增长，达到9415亿元，增长5.8%，位居发展中国家第一位、全球第二位。新设外资企业超4万家，截至2019年年底，我国累计设立的外商投资企业超过100万家。引进外资质量不断提高，结构不断优化，服务业吸收外资6817.7亿元，增长12.5%，其中，信息传输、软件和信息技术服务，租赁和商业服务业吸收外资分别增长29.4%和20.6%；高技术产业引资增长25.6%，其中高技术服务业增长44.3%。2020年新冠肺炎疫情爆发以来，国内外环境复杂多变，加上经济中固有的趋势性变化，使得我国利用外资面临严峻挑战。

一是世界经济受重创，跨国投资持续下滑。国际金融危机以来，经济形势总体低迷，疫情又加剧了对全球的冲击，主要经济体饱受低增长、低通胀、低利率和高债务问题的困扰，加上各种风险和矛盾暴露，经济增速下滑。经济衰退可能重创跨国投资，2020年3月26日，联合国贸发会发布的《全球投资趋势监测报告》显示，全球跨国直接投资在过去4年连续下滑的基础上，预计2020～2021年将大幅下降30%～40%，国际引资竞争可能更加激烈。

二是全球产业链加快重构，部分产业出现外迁。市场主体基于比较优势和国际分工，形成了目前的全球产业链布局。疫情影响下，跨国供应链暴露了内在脆弱性，各国政府和一些跨国公司对产业链过度集中的担忧上升，一些国家支持跨国公司回流，将部分产能和订单转到其他国家，这将不利于我国稳定吸收利用外资。

三是跨境人员往来受限，投资信心不足。各国为了疫情防控，采取了减少人员流动的限制措施，这不利于开展经贸合作。国际航班停飞、边境客运通道关闭使得跨境商务往来受到限制，影响到外资企业正常运转，有些外资新项目也被迫推迟。据2020年一季度数据，我国实际使用外资金额312亿美元，同比下降12.8%。考虑到全球疫情发展存在较大不确定性，管控措施对外商投资的影响还将持续较长时间，投资者信心在短期内恢复比较困难。

虽然我国利用外资面临着巨大挑战，但也要立足我国经济发展阶段、发展水平，看到目前我国吸引外资的新优势。

一是经济发展的巨大韧性优势。我国经济潜力足、韧性强、回旋空间大、政策工具多的基本特点没有变，经济长期向好的趋势也没有变。面对国内经济下行压力，持续推进供给侧结构性改革，在做好"六稳""六保"工作上持续加力，成效显著，保持了经济发展总体平稳，韧性进一步增强。

二是超大规模的市场优势。我国有14亿人口，其中包括4亿多中等收入群体。国内市场规模稳步提升，消费连续6年成为我国经济增长第一拉动力。2019年，我国国内生产总值达到99.1万亿元，人均突破1万美元，我国是最具成长潜力的新兴消费市场。

三是产业配套和人才优势。我国是当前世界上唯一拥有全部工业门类的国家，包括41个工业大类、207个工业中类666个工业小类。完善的产业配套使我国日益成为全球产业链供应链的重要中心。我国拥有超过1.7亿受过高等教育或拥有各类专业技能的人才，只要充分发挥高素质人才作用，我国完全能够迎来以人力资本为主的第二次"人口红利"。

四是日益改善的营商环境优势。我国坚持利用外资不动摇，大力推进"放管服"改革，不断完善外资准入的制度安排，实行准入前国民待遇加负面清单管理模式，根据世界银行发布的报告，2019年我国营商环境在全球190个经济体中排名第31位，较2018年上升15位。营商环境不断改善，吸引了很多外资企业来华投资兴业。

（二）积极利用外资的措施

我国已经是世界第二大经济体，进入中上等收入国家行列，经济发展水平不断提升，但仍要高度重视利用外资，积极引进国外资金、先进技术和管理经验。

一是深化服务业和制造业对外开放。近年来，服务业和制造业开放程度显著提升，为稳外资提供了有力支撑。但我国服务业和制造业开放空间仍很大，要持续加以推进。要进一步压减外资准入负面清单，修订鼓励外商投资产业目录。同时要严格落实"全国一张清单"管理模式。

要持续提升制造业开放水平。近两年来，我国在汽车、船舶、飞机等领域开放步伐加快，目前我国制造业已基本放开。要系统梳理土地、环保、消防、工程建设、税收、市场监管等方面制约制造业外商投资的问题，完善鼓励政策，引导外资参与制造业高质量发展，投向高端、智能、绿色等先进制造领域和中西部地区。

要加大服务业开放力度。近年来，服务业在金融领域、交通运输领域、商贸流通领域、文化领域等开放力度不断加大，服务业是我国新一轮对外开放的重头戏。要继续放宽服务业准入，落实取消在华外资金融机构外资股比限制，放宽或取消外国投资者投资设立银行业、保险业机构和开展相关业务的准入条件等。同时，进一步扩大教育、医疗、养老、增值电信等领域开放，以更加积极的政策吸引外资企业在华开展研发活动鼓励外资投向商务服务、商贸物流、技术服务等生产性服务业。

> **资料链接**
>
> 2019年版外资准入负面清单条目由48条减至40条，压减比例16.7%；自贸试验区版由45条减至37条，压减比例17.8%。2019年版鼓励目录总条目118条，其中全国目录415条，与2017年版相比增加67条、修改45条；中西部目录693条，与2017年版相比增加54条、修改165条。

支持外资企业再投资是积极利用外资的重要举措。我国现有外资企业42万家，每年经营产生的利润除部分留在境内，很大一部分汇到了境外。受疫情冲击，很多跨国公司收入和利润减少，不仅会影响资本支出和收益再投资，而且较大规模抽走留存收益的可能性也在上升。要在落实好已出台的各项减税降费、援企稳岗、外资股息再投资递延纳税等政策的同时,抓紧完善外商再投资相关政策,研究继续加大支持力度,鼓励外资企业以留存利润扩大在华投资。

二是充分发挥各类开放平台作用。推进更高水平对外开放,必须继续发挥各类平台的作用,继续发挥经济特区、自贸试验区、综合保税区等开放平台在吸引外资、扩大开放中的重要作用,增加开放活力和动力。

要深化经济特区改革开放。改革开放以来,深圳、珠海、汕头、厦门、海南岛等经济特区在对外开放中发挥了重要"窗口"作用。经济特区要在改革开放中大胆探索,更积极有效地利用外资,继续担负起为全国改革开放探路开路的重任。在更高起点上谋划和推进改革开放,大幅度放宽市场准入,加强国际人文交流,加快形成法治化、国际化、便利化的营商环境。遵循经济规律,坚持摸着石头过河,在实践中不断形成新经验、深化新认识、贡献新方案。

要赋予自贸试验区更大改革开放自主权。建设自贸试验区是党中央确定的一项战略举措,2019年自贸试验区引资作用增强,新设河北、山东、江苏、广西、云南、黑龙江6个自贸试验区并增设上海自贸区临港新片区,18个自贸区落地外资企业6242家,利用外资1436亿元,占全国比重超过15%。要对标国际先进规则和标准,在明确中央和地方权力责任、确保风险可控的基础上,研究对自贸试验区进一步加大授权力度,支持地方和部门提出支持自贸试验区进一步扩大开放和创新发展的具体措施。省、市两级审批权限要能放尽放,特别要把自贸试验区迫切需要的投资审批、市场准入等经济管理权限下放到位,支持其勇于突破瓶颈,大胆进行差别化探索。

要提升综合保税区等开放平台的引资质量。综合保税区在基础设施、产业配套、组织管理、人才储备等方面具备较好基础,是我国开放层次高、优惠政策多、功能最齐全的海关特殊监管区域。要落实好国务院关于促进综合保税区高水平开放高质量发展的意见,完善政策功能,加快推进制度创新，推动综合保税区发展成为最具影响力和竞争力的加工制造中心、研发设计中心、物流分拨中心、检测维修中心和销售服务中心，吸引更多优质外资企业进驻。

要加快海南自由贸易港建设。建设海南自由贸易港，是习近平总书记亲自谋划、亲自部署、亲自推动的重大国家战略，2020年是海南自贸港建设的关键之年。要落实《海南自由贸易港建设总体方案》，以贸易投资自由化便利化为重点，以各类生产要素跨境自由有序安全便捷流动和现代产业体系为支撑，以特殊税收制度安排、高效社会治理体系和完备法治体系为保障，构建海南自贸港政策制度体系。建设全岛封关运作的海关监管特殊区域，对货物贸易实行以"零关税"为基本特征的制度安排，对服务贸易实行以"既准入又准营"为基本特征的政策举措。大幅放宽市场准入，实施市场准入承诺即入制，实行以过程监管为重点的投资便利制度。按照零关税、低税率、简税制、强法治、分阶段原则，逐步建立与高水平自贸港相适应的税收制度。着力推进政府机构改革和政府职能转变。加强法治体系建设，营造国际一流的自贸港法治环境。

三是健全外商投资促进、保护和服务体系。2020年1月1日起，新的《外商投资法》《外商投资法实施条例》《优化营商环境条例》正式实施，这将为提高利用外资水平、促进经济高质量发展提供更加有力的法治保障。要以全面贯彻落实相关法律法规为契机，健全外商投资促进、保护和服务体系。

要进一步加大投资促进力度。按照市场化、法治化、便利化的标准建立外商投资促进制度，各级政府应当按照政府主导、多方参与的原则，建立健全外商投资服务体系。鼓励地方政府制定考核激励政策，对招商部门、团队内非公务员岗位实行更加灵活的激励措施。抓好政策宣传解读对投资促进十分重要，各地、各部门要通过设立投资服务平台、政策咨询窗口等方式，积极开展政策宣讲。

要深化投资便利化改革。目前用地审批、人才流动、资金跨境使用等仍是外商投资的制约因素。要深化规划用地"放管服"改革，优化外资项目规划用地审批程序，简化报件审批材料。要提高外国人来华工作便利度，适当放宽各地急需紧缺人才的年龄、学历或工作经历等限制。要抓紧出台政策支持外资企业扩大人民币跨境使用，扩大资本项目收入支付便利化改革试点范围，支持外资企业自主选择借用外债模式、降低融资成本，鼓励其资本金依法用于境内股权投资。

要切实保护外商投资合法权益。保护外商投资合法权益，关键是要加紧清理规范相关法规、规章及规范性文件，及时予以废止或修改与外商投资法精神不相符合的，要同时加强对外商投资法实施情况的检查监督，确保不折不扣落到实处。要充分尊重知识产权的市场价值，推动建立知识产权快速协同保护机制，加大民事保护和刑事保护力度。地方各级政府及其有关部门应当履行向外国投资者、外资企业依法作出的政策承诺以及依法订立的各类合同，不得以行政区划调整、政府换届、机构或者职能调整以及相关责任人更替等为由违约毁约，确保履约践诺。

四、河北省加快自贸试验区建设，打造对外开放新高地

2019年，河北省外贸进出口总值4001.6亿元人民币，同比增长12.6%，创近年来新高。近年来，河北省积极展现对外开放新格局。对外贸易稳步提升，深度融入"一带一路"建设，市场多元化进程持续推进。特别是，2019年8月26日，国务院印发《中国（河北）自由贸易试验区总体方案》，河北自贸试验区获批挂牌，在河北省的改革开放和现代化建设进程中意义重大、影响深远。要以加快自贸区建设为平台，打造对外开放新高地，为新时代全面建设经济强省、美丽河北提供战略支撑。

（一）设立河北自贸试验区的重大意义

河北作为沿海省份，是国家尤其是京津冀地区对外开放的重要阵地。2019年8月30日，中国（河北）自由贸易试验区获批挂牌，设立

中国（河北）自由贸易试验区是党中央、国务院作出的重大决策，是新时代推进改革开放的战略举措，也是引领河北省打造对外开放高地的重大举措。

一是推动京津冀协同发展，构筑区域开放新格局。河北自贸试验区涵盖四个片区，聚焦京津冀协同开放，立足产业优势互补、协同共进，又具有资源要素密集、市场腹地广阔等优势，有利于打破区域壁垒和条块分割，带动河北的开放发展，增强京津冀协同、融合发展的区域格局。

二是支撑高质量建设雄安新区，提供开放合作新平台。雄安新区是千年大计、国家大事，承担着建设绿色生态宜居新城区、创新驱动发展引领区、协调发展示范区、开放发展先行区等重任。河北自贸试验区建设，在金融创新先行区、数字商务示范区、推进生命科学和生物技术创新发展等方面通过一系列制度创新，全方位扩大雄安新区对外开放，为开放合作提供新平台。

三是营造一流营商环境，进一步提高对外开放水平。河北自贸试验区坚持以制度创新为核心，深化市场配置资源改革，聚焦制度性开放，吸引更多先进要素聚集，推动信息化、数字化、智能化发展，进一步提升营商环境，促进河北外向型经济发展。

资料链接

河北自贸试验区

2019年8月26日，国务院印发《中国（河北）自由贸易试验区总体方案》（下称《总体方案》）。根据《总体方案》，河北自贸试验区涵盖雄安片区、正定片区、曹妃甸片区、大兴机场片区四个片区，是全国唯一一个跨省市的自贸试验区。河北自贸试验区的实施范围119.97平方公里，涵盖雄安片区33.23平方公里，正定片区

33.29 平方公里（含石家庄综合保税区 2.86 平方公里），曹妃甸片区 33.48 平方公里（含曹妃甸综合保税区 4.59 平方公里），大兴机场片区 19.97 平方公里。

四个片区互为整体，共同承担河北自贸试验区试验任务。同时又独立发展，努力构筑各有侧重的产业体系，辐射带动区域经济快速发展。根据《总体方案》，正定片区要重点发展临空产业、生物医药、国际物流、高端装备制造等产业，建设航空产业开放发展集聚区、生物医药产业开放创新引领区、综合物流枢纽。曹妃甸片区重点发展国际大宗商品贸易、港航服务、能源储配、高端装备制造等产业，建设东北亚经济合作引领区、临港经济创新示范区。雄安片区重点发展新一代信息技术、现代生命科学和生物技术、高端现代服务业等产业，建设高端高新产业开放发展引领区、数字商务发展示范区、金融创新先行区。大兴机场片区重点发展航空物流、航空科技、融资租赁等产业，建设国际交往中心功能承载区、国家航空科技创新引领区、京津冀协同发展示范区。

（二）加快建设河北自贸区的措施

河北自贸区建设是河北省对外开放面临的重要机遇。自贸区这块"试验田"，肩负着制度创新的使命，承担着先行先试的责任。要主动服务和融入国家战略，根据《总体方案》的部署和要求，进一步解放思想，主动作为，认真贯彻新发展理念，以制度创新为核心，加快自贸试验区建设，打造对外开放新高地。

一是推进制度改革创新，发挥示范带动作用。在充分借鉴现有自贸试验区成功改革试点经验的基础上，围绕投资、贸易、金融等方面，推动重点领域改革先行先试，充分发挥自贸试验区的示范带动作用。

要深化投资领域改革。深入推进投资自由化便利化，全面落实外商投资准入前国民待遇加负面清单管理制度，探索建立外商投资信息报告制度。完善投资促进和保护机制，建立健全外商投资服务体系，完善外商投资促进、项目跟踪服务和投诉工作机制。鼓励自贸试验区在法定权限内制定外商投资促进政策。

要加快贸易转型升级。提升贸易便利化水平，在海关特殊监管区域深入实施货物状态分类监管，持续开展国际大宗商品贸易，建设国际商贸物流重要枢纽。立足4个片区优势和特点，培育发展航运企业。

要深化金融领域开放创新。增强金融服务功能，支持符合条件的商业银行注册设立金融资产投资子公司，加强对重大风险的识别和系统性金融风险的防范。深化外汇管理体制改革，放宽跨国公司外汇资金集中运营管理准入条件，推动跨境人民币业务创新等。

二是深化转变政府职能，全面优化营商环境。在全面深入推进"三创四建"活动中，加快转变政府职能，提升开放活跃度，打造国际一流营商环境。推进行政审批改革、投资审批改革、商事制度改革、收费清理改革，降低制度性交易成本。调整完善省级管理权限下放内容和方式，破除行政垄断，减少行政干预。推进"证照分离"改革全覆盖。建立完善知识产权评估机制、质押登记制度、质押融资风险分担机制配合，做好外商投资安全审查工作，营造公平的竞争环境等。创新监管模式，积极推动监管理念由"严进宽管"向"宽进严管"转变。

三是全面落实国家战略，引领高质量发展。要全面落实中央关于京津冀协同发展战略和高标准高质量建设雄安新区要求。引领雄安新区高质量发展，着力建设高端高新产业开放发展引领区、数字商务发展示范区、金融创新先行区。推动京津冀协同发展。促进北京中关村、天津滨海新区等与自贸试验区深度合作和创新发展，推动区域产业协同创新。合理规划承接北京非首都功能疏解，优先向自贸试验区转移，促进要素跨区域流动。

四是推动高端高新产业开放发展，为发展注入新动能。促进生物医药和生命健康产业开放发展，优化生物医药全球协同研发的试验用特殊物品的检疫查验流程，推动基因检测技术应用示范中心和公共技术平台建设，开展医疗器械注册制度试点，优化二类医疗器械审批流程，设立医药知识产权维权援助分中心。支持装备制造产业开放创新。支持建设国家进口高端装备再制造产业示范园区，完善装备制造出口产品退换货制度，简化对非民用进口机电设备免3C认证手续等。

后 记

参与本书编写工作的同志有：河北省社会科学院刘来福、郑英霞、张艳、赵向东。河北省社会科学院经济教研室（金融财税研究中心）主任刘来福同志具体协调了书稿的编写和出版工作，二级调研员郑英霞同志具体协调了书稿的修改工作。

本书在编写过程中，河北省社会科学院副院长焦新旗同志审定了编写提纲，并对全书进行了统稿。河北省社会科学院院长康振海同志对全书进行了最终审定。

本书在编写过程中参阅了大量资料和文献，力求科学分析、精准阐释国家和河北省相关经济政策，并提出操作性较强的对策性建议。由于时间和水平有限，难免有不妥之处，敬请读者批评指正。

编 者

2020 年 8 月